물건 말고 당신을 팔아라

SNS시대, 홍보 마케팅 귀재가 들려주는 **실전 매뉴얼**

물건 말고

당신을
팔아라

후지무라 마사히로 | 윤선해 옮김

황소자리

10년 뒤에도 내가 웃고 있다면, 그건 전적으로 이 책 덕분이다

나는 FUJI ROYAL KOREA라는 회사의 대표이다. 커피 볶는 기계를 파는 회사로 창업한 지 만 10년이 되었다. 지난 10년이라는 시간은, 커피라는 소재가 전 세계적으로 비약적인 발전을 이루는 시기였다. 아무것도 하지 않아도 팔렸던 시기에서, 아무리 좋아도 뭔가 하지 않으면 소멸될 수 있다는 확신(!)이 드는 시간까지 경험하게 되었다.

당연한 이야기지만 지금은 무언가 해야 살아남을 수 있고, 또 많이 팔 수가 있다. 그 '무언가'가 무엇일까 고민하지 않는 경영자는 없을 것이다. 나 역시 그들 중 한 명이다.

내가 취급하는 커피 로스터는 일본에 공장이 있어서 도쿄, 오사카 출장이 잦았다. 출장지에서 시간이 날 때마다 서점에 들러 새로 나온 커피 책이 있는지, 어떤 책이 잘 팔리는지 둘러보는 건 습관으로 굳어진 나의 일과 중 하나였다. 어느 날 서점의 다른 코너를 어슬렁대다

눈에 띄는 자기계발서 하나를 발견했다.

'가치를 팔아라'. 책을 집어 들었다. 책 제목이 신선해서가 아니었다. 팔아야 한다는 그 '가치' 에 대해서 나도 모르게 빠져들었다. 작년 초, 사업이 정체기에 접어들면서 그때까지와는 다른 접근이 필요하다는 생각이 절실하던 때문이기도 했다. 곧장 책을 사서 카페에 앉아 읽어 내려갔다.

저자는 자기계발 컨설팅 분야의 대가로 일본 내에서는 이미 유명한 분인 데다, 개정판까지 합해 20만 부 넘는 판매 부수를 기록한 데에는 이유가 있을 거라고 막연히 생각은 했다. 막상 읽어보니 책에 소개된 사례들이 여간 도움이 되는 게 아니었다. 책을 마저 읽기도 전에 출판사에 연락했다. 그리고 계약이 성사되기도 전에 나는 이미 번역을 하고 있었다.

소설을 애정하는 출판사 대표님에게 자기계발서를 내자고 우기는 게 나 스스로도 좀 민망하기는 했다. 다른 한편으로 설령 계약이 안 되더라도 '무언가를 운영하는' 내 지인들에게 번역본을 공유하면 아주 요긴할 거라고 생각했다. 나는 일사천리로 번역작업을 끝냈다. 한데 계약서에 날인하고 편집까지 마치고 보니, 내가 번역한 또 하나의 소중한 책《커피집》을 내기 위해 이 책의 출간일정을 두어 달 뒤로 미룰 수밖에 없었다. 그리고 한일관계를 악화시키는 사건이 불거졌다. 일본 번역서 출간을 기약할 수 없는 상황이 이어졌다. 설상가상 트렌드가 중요한 자기계발서이니 현실적으로 이 책 출간은 물 건너간 셈이구나, 나는 그렇게 마음을 접었다.

　해가 바뀌고도 한일관계는 회복의 기미를 보이지 않는 가운데 코로나19 사태라는 또 다른 악재가 겹쳤고, 우리 회사는 새로운 국면을 맞이했다. 지금까지 사업자를 대상으로 기계(영업용 로스터와 그라인더)를 판매하고 관리하던 사업에서 나아가 일반 개인 소비자를 대상으로 커피콩을 볶아 파는 원두 판매사업을 새로 시작한 것이다.

　'잘 만들면 누구든 알아주겠지.' '정성을 쏟아 만들어낸 고급 원두이니까 팔리겠지.' 나는 그렇게 확신했다. 그게 얼마나 안일한 생각이었는지 깨닫는 데는 긴 시간이 필요치 않았다. 첫 달은 '지인 찬스' 덕에 기대 매출을 달성했다. 그게 다였다. 2개월째가 되니 주문량이 뚝 떨어지고, 가끔 낯선 이가 콩을 사러 와도 알고 보면 지인의 다른 지인이기 일쑤였다. '어떻게 해야 잘 팔 수 있을까. 아니 사게 만들 수 있을까.' 심각한 고민이 시작되었다. 절친한 지인 두 명에게 조언을 구하자 그들이 말했다.

　"나는 윤선해라는 사람이 볶아준 커피를 마신 후 다른 커피는 못 마실 정도라고. 그 시간이 무려 10년이란 말이야. 그런데 정작 상품 홍보에는 윤선해 커피만의 매력이 드러나지 않아서…, 그 점이 아주 아주 아쉬워."

　"Y'RO COFFEE라는 상호가 어떻게 만들어졌어? 다른 누구도 아닌 윤선해(Y)가 로스팅(RO)한 커피라는 의미로 당신을 사랑하는 친구가 직접 네이밍을 해준 거잖아. 그런 히스토리를 좀 더 적극적으로 내세우라고.”

기분이 아주 묘했다. 일 년 전 출장길에서 내가 이 책을 읽으며 무릎을 쳤던 말, ‘물건 말고 당신을 팔아라!’라는 가치를 다름 아닌 지인들이 나에게 충고하고 있었다.

술에 취해 들어온 늦은 밤, 컴퓨터를 켜고 이 책의 원고 파일을 다시 열었다. 왜 몰랐을까? 지금 내가 고민하는 문제들을 바로 이 책이 구체적인 사례까지 곁들여 꼼꼼하게 알려주고 있었다는 걸. 한국과 일본이라는 배경 차이가 있지만 그건 아무런 장벽이 되지 않았다. 저자가 하나하나 소개하는 사례들을 나에게 대입시켜 생각하니 이보다 더 좋은 교사가 없구나 싶었다. 그 밤, 뒤통수를 맞은 듯한 충격으로 원고를 읽어 내려간 나는 ‘지금 같은 상황에서 이 책 출간은 아무래도 힘든 거겠죠?’라는, 다소 의뭉스런 메시지를 출판사 대표님에게 보냈다. 당장 전화가 걸려왔다. 포기한 거 아니라고, 사실은 자신의 책상 한쪽에 원고 출력본을 놓고 수시로 넘겨보며 개인적으로 인사이트를 얻는다고 말했다. 그렇게 우리는 이 책을 살리기로 의기투합했다.

책에서 건져낸 힌트를 밑거름 삼아 앞으로 펼쳐갈 나의 10년을 기약해 본다. 10년 뒤에도 내가 웃고 있다면 그건 바로 이 책 덕분이다.

새로운 일을 계획하는 분들, 잘 팔리게 하고 싶은 분들, 지금 하시는 일에 새로운 접근방법이 필요하다고 생각하는 분들에게 이 책을 권한다. 분명 요긴하게 쓰일 아이디어를 얻으실 거라 확신한다. 더불어 '나 자신'에 대해 다시 한번 돌아보면서 지금껏 알지 못했던 자기 안의 보물을 발견할 수도 있을 것이다.

마지막으로 이 책 출간을 결정하고 항상 커피 덕후 윤선해를 믿고 지지해 주시는 황소자리 지평님 대표님께 진심으로 감사의 말씀을 전한다.

2020년 코로나와 커피와 함께한 여름 어느 날,

윤선해

생존을 위한 다섯 가지 키워드

고작 5년 사이에 세상은 전혀 다른 차원으로 변했습니다.

그걸 실감하지 못한다면,

당신은 이 시대에 맞지 않을 가능성이 높습니다.

안녕하세요, 후지무라 마사히로입니다. 저는 물건이 아닌 체험을 판다는 의미의 '익스피리언스 마케팅experience marketing'(이하 '에크스마'로 표기)을 소개하는 사람입니다. 저의 고객들은 파나소닉 에코 솔루션스 같은 대기업부터 중견·중소기업에 이르기까지 다양합니다. 주로 경영자를 대상으로 하는 '에크스마 아카데미'에는 전국 800개 사 이상의 경영자가 참여하는 등 압도적인 실적을 올리고 있죠.

이 책은 2011년 12월에 출간된 《싸게 팔지 마라! '가치'를 팔아라!》를 전면 개정한 신판입니다. 이 책은 초판 출간 이후 10쇄 이상 찍으며 스테디셀러로 자리를 잡았죠. 그러나 달라진 시대에 맞지 않는 부분이 많았습니다. 때문에 원고의 전면적인 수정이 필요했지요. 이번에 낸 개정판 원고의 80퍼센트 정도가 새로운 내용입니다.

요즘 세상 변화 속도는 경이로울 정도로 빠릅니다. 초판을 낸 지 10년도 안 지났는데, 세상은 너무 많이 달라졌습니다. 책 초판을 낼 당시 상품을 홍보하기 위한 주요 수단은 종이매체였습니다. 그러나 스마트폰이 일상화된 지금은 정보 전달 기반이 SNS로 변했지요. 스마트폰과 SNS 덕에 개인이 정보발신을 할 수 있게 되었고, 그 비용 역시 상상할 수 없을 정도로 저렴해졌습니다.

세상이 이토록 격변하고 있음에도, '싸게 팔기'에만 골몰하는 기업과 가게가 여전히 많습니다. 제품의 가치를 만들어 전달할 줄 모르는 곳들이 태반인 거죠. 저는 이 상황이 너무도 안타깝습니다.

게다가 SNS 시대는 '가치'가 나타내는 의미도 달라졌습니다. 이제 상품과 서비스에는 가치가 없다고 생각하는 것이 좋습니다. 지금 우리 주변에서 팔리는 상품과 서비스는 거의 모두 품질이 좋은 것들입니다. 극단적으로 말해서 어느 것을 사더라도 별다른 차이가 없죠.

● ●

'팔리는 상품'은 없습니다.
'팔리게 하는 파는 방법'이 있을 뿐이지요.

그렇다면 SNS 시대에 맞는 제품 가치란 무엇인가? 저는 이를 다섯 가지 키워드로 정의합니다. 바로 이 다섯 가지가 지금 시대에 맞게 제품의 가치를 만들어내고 전달하기 위한 중요 요소입니다.

(1) 관계성
(2) 개성(개인)
(3) 좋아하는 것
(4) 편집
(5) 일탈

(1) 관계성

사람은 처음 만나는 낯선 사람보다 어떤 식으로든 관계가 있는 사람을 신뢰하며 그들과 무언가를 도모하기 원합니다. 이것은 기본이지요. 가능하면 잘 아는 미용사에게 내 머리 손질을 맡기고, 동호회를 통해 만난 회계사에게 회계 상담을 의뢰하고, 스터디모임에서 알게 된 지인의 회사에 인테리어 리뉴얼을 맡기지요. 이렇게 사람은 관계성이 깊은 곳에서 소비를 하게 마련입니다.

(2) 개성

개성이란 곧 사람을 말합니다. 왜 싸게 팔려고만 하는가? 한마디로 개성이 없기 때문입니다. 안타깝게도 정보량이 폭발적으로 증가하는 요즘 세상에서는 개성적이지 않으면 선택받을 수 없습니다. 개성을 어떻게 드러내는가가 핵심인 것이지요. 명심하세요. 상품으로는 개성을 드러낼 수 없습니다. 모두가 좋은 제품이기 때문입니다. 개성은 사람(개인)을 통해서만 표현되는 시대입니다.

(3) 좋아하는 것

사람들이 24시간 상시 연결되어 있는 시대입니다. 당연히 우리의 24시간도 일과 사생활이 혼재되어 있습니다. 그렇다면 방법은 무엇일까? 좋아하는 걸 일로 삼으면 됩니다. 좋아하는 일은 몇 시간을 해도 스트레스가 없거든요. 내가 좋아하는 것을 일로 삼거나 좋아하는 것을 지금의 일에 적용할 방법을 고려하세요. 이것이 바로 상품에 색다른 가치를 입히는 비법입니다.

(4) 편집

이 세상에 존재하지 않았던 것들의 가치를 새로 만들어내는 것은 결코 쉬운 일이 아닙니다. 그러므로 이미 있는 것을 어떻게 새로 조합할 것인가, 이미 알고 있는 정보를 어떤 필터링을 거쳐 매력적으로 전달할 것인가를 고민해야 합니다. 상품과 정보를 재편집하는 능력이야말로 독자적인 가치를 만들어내는 필수요소입니다.

(5) 일탈

상식적인 생각, 과거의 성공 경험, 지금까지의 비즈니스 연장선상에 있는 것, 거기에서 과감히 벗어나야 합니다. 그렇게 해서 떠올린 발상이 현대적인 의미의 시장 가치가 되는 일이 많습니다. 상식적인 사고와 가치관에 매몰되면 세상을 보는 시점이 고정됩니다. 그럴 때 선택지는 하나밖에 남지 않지요. 일탈을 시도할 때 비로소 다양한 관점을 얻고, 많은 선택지를 발견하게 됩니다.

지금부터 이 다섯 가지 키워드를 통해 당신의 사업을 살릴 수 있는 방법을 차근차근 알려드리겠습니다.

자 그럼, 시작해 보실까요!

후지무라 마사히로

2장 온라인 '연결 경제'의 금맥을 캐라

3장 '개성'이 곧 상품 가치다

4장 '놀이처럼 즐거운 일'이 일으키는 마법

5장 '편집'이 살길이다

6장 일탈하고 일탈하라

1장

당신이
곧 상품이다

마르셀 뒤샹이 제창하고 앤디 워홀이 확립한 레디메이드readymade(기성품)라는 미술 장르를 아는가? 지금은 기능이 뛰어난 앱을 사용해 누구라도 간단하게 이 창작 기법을 따라할 수 있다. 그럼에도 워홀의 작품은 여전히 고가에 거래된다. 이유는 간단하다. 작품 자체가 아니라 워홀의 독창적인 예술관에 그 가치를 두기 때문이다.

자, 그렇다면 당신의 비즈니스 가치는 무엇인가?

01 당신이라는 독자성
키워드 하나: 관계성

몇 년 전 일이다. TV 경제다큐멘터리 프로그램에서 어느 백화점의 '보졸레누보' 판매 경쟁을 소개했다. 해금 전날 밤 라이벌 매장의 가격을 알아낸 뒤 한밤중에 상대 매장보다 낮은 가격으로 부랴부랴 변경하는 무대 뒤 이야기였다. 본인들은 진지하게 그것을 '전략'이라 생각하며 진행하고 있었지만, 화면을 보는 나로서는 허둥지둥 어설프게 진행되는 한 편의 코미디를 감상하는 느낌이 들었다. 다 큰 어른들이 지금 뭐하고 있는 걸까? 그런 생각뿐이었다.

라이벌 회사를 의식하는 것은 물론 중요하다. 하지만 거기에만 집중하면 경쟁에 매몰돼 고객은 보이지 않는다. 그 결과, 불필요한 가격 경쟁에 휩싸여 선택 요인은 오직 가격뿐인 상황이 빚어진다.

그런 상황이 고착되면 정말 큰일이다. 이익은 나지 않고, 일하는 사람들의 보람도 줄어드는 악순환의 늪에 빠지는 것이다. 설상가상 본래의 비즈니스 목적을 상실하는 일도 적지 않다. 이런 상황에 빠지지 않기 위해서는 '차별화'가 아닌 '독자화'가 중요하다. 당신의 독자적인 가치를 전달해야 한다는 뜻이다.

· ·

비슷한 회사들(가게)이 널린 상황에서,
고객은 어디에서 사든 상관없다.
게다가 어디서도 사지 않을 선택지까지 있는 마당에
왜, 굳이 당신 회사의 물건을 사야 하는가?

당신은 이 질문에 어떤 대답을 내놓을 수 있는가? 그 대답이 "싸니까!" 또는 "가까우니까."라면 당신의 회사나 가게는 위험하다. 가격으로 선택하는 고객은, 당신 가게보다도 싼 곳이 나온다면 곧바로 갈아탈 것이기 때문이다. 즉, 가격 이외의 독자적인 가치가 없으면 진정으로 선택받은 상태가 아니다. 거듭 강조하건대, 당신의 상품과 서비스를 다른 곳에서도 구할 수 있다면, 당신의 가게는 아직 독자성을 확보한 게 아니다. 하루 빨리 독자적 가치를 창출해야 할 필요가 있다.

상품과 서비스 이외 독자성에 눈을 돌려보자

어떻게 해야 할까? 오리지널 신제품이나 서비스를 만들어내는 건 결코 쉬운 일이 아니다. 완전히 새로운 상품을 개발해내는 것이야말로 가장 어려운 일 중 하나이다. 그럴 때 독자적 가치 중 하나로 고려해 볼 수 있는 것이 '관계성'이라는 개념이다. 사람들이 회사나 가게를 선택하는 기준으로 '관계성'이 점점 더 비중 있게 떠오르는 추세다. 고객은 이미 맺은 관계를 통해 당신을 선택한다는 뜻이다.

••

우리는 같은 것을 사야 한다면
익숙한 곳에서 구매하려 한다.
상품의 품질이 비슷할 경우,
보다 관계성이 깊은 사람에게 가는 건 인지상정이다.

게다가 당신이 만들어온 관계성은 다른 곳에는 없는 독자적인 것이다. 판촉물, 점포 운영, SNS 발신 등 모든 일에 있어서 '관계성'이라는 키워드를 생각해야 한다. 당신의 독자적 가치는 관계성에 있으므로. 이것이 모든 일의 출발점임을 명심하자.

고퀄리티 상품이라고?
경쟁 상품도 다 고퀄이다

"아니, 무슨 말을 하는 거야? 우리 물건은 진짜 최고라니까."

여전히 이렇게 말하는 사람이 있을지 모른다.

• •

좋은 상품, 엄선된 상품이니까 팔린다고?

이는 환상이다. 품질만 고집해서는 절대 팔리지 않는다.

오히려 상품이나 서비스 자체에는 독자적 가치가 없다고 생각하는 편이 좋다. 왜냐고? 당신의 상품 말고도 시중에 나와 있는 모든 상품은 엄선된 제품이기 때문이다. 요즘 세상만큼 훌륭한 상품들이 넘쳐나는 시대도 없을 것이다. 가령 현재 시중에서 판매되는 가전제품들, 냉장고와 세탁기와 청소기와 TV는 모두 세계적으로 품질이 뛰어난 제품들이다. 냉동식품도, 페트병 녹차도, 1,000원짜리 초콜릿도 최고

세계가 변하면 비즈니스도 변한다

비즈니스가 '가야 할 방향'을 근본적으로 재검토해야 할 시기

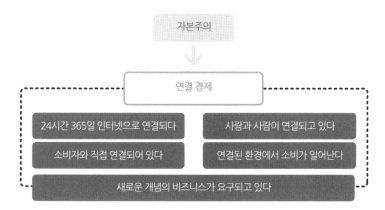

의 품질을 자랑한다. 따라서 어느 제품도 품질 면에서는 특별한 '차이'를 내세우기 어려운 실정이다.

편의점 커피와 스타벅스 커피. 가격은 차이가 나지만 맛은 어느 쪽이든 좋다. 커피라는 상품만 생각하면 둘 다 맛있는 커피다. 결국 문제는 취향의 차이로 남는다. 중저가 스포츠 브랜드 티셔츠와 아르마니의 새하얀 셔츠. 가격은 다르지만 품질 면에 있어서는 각자 추구하는 것이 있다.

아무리 고집스럽게 만들어낸 상품일지라도, 아무리 질이 좋은 서비스라 할지라도, 이를 대신할 상품은 널렸다.

이제 알겠는가?

상품과 서비스를 더 이상 설명하려 들지 마라.

세상은 '연결 경제'로 옮겨가고 있다

이제 자본주의는 저물고 있다. 이를 대신해 '연결 경제'가 펼쳐지고 있다. 사람과 사람이 실시간으로 연결된다. 우리는 스마트폰으로 24시간 연결된 세상에서 살아간다. 기업과 사람도 직접 이어져 그 '연결' 속에서 소비가 이루어지는 세상이다.

따라서 '독자적 가치'의 잣대도 '얼마나 좋은 사람들과 연결되어 있는가?'로 바뀌고 있다. 이것이 바로 '관계성'이다. 상품과 서비스의 가치를 높이는 데서 나아가 '연결'을 창출하는 것이 회사를 번영시키기 위해 필요불가결한 조건임을 명심하라.

03 "저한테 팔아주세요!" 고객이 사정하는 존재

2016년 10월, 전설의 록밴드 'Hi-STANDARD'가 16년 만에 신작 CD 앨범을 발매했다. 감격스러웠다. 1991년에 결성돼 1990년대를 질주한 하드코어 밴드이다. 인디로 등장해 메이저에 진출하는 밴드가 대부분이던 당시, 일관성 있게 안티메이저 콘셉트를 추구하면서 1999년 발표한 앨범 'Making the Road'가 인디밴드로서는 드물게 100만 장을 판매하는 기록을 세웠다. 그러나 2001년에 밴드가 활동을 접으면서 많은 팬들은 이제 이 밴드의 신작을 들을 수 없는 것 아니냐는 아쉬움을 가졌다. 실은 나 역시 그 중 한 명이었다.

그러던 2016년 10월 5일. Hi-STANDARD의 신작 'Another Starting Line'이 전국 CD판매점에 진열되었다. 사전 예고도 없이 말이다. 당연히 프로모션도, 취재도, SNS 발신조차 없었다. 점포에서만 판매가 시작됐는데, 판매점 스태프조차 발매 당일 이 사실을 알았을 정도였다고 한다.

이 소식이 팬들 사이에서 트위터로 급속하게 확산되었고, CD판매점에는 끝도 보이지 않는 줄이 생겨났다. 가게마다 매진 사례가 속출한 것은 말할 것도 없다.

"Hi-STANDARD의 CD를 사기 위해 네 군데나 돌아다녔는데 전부 매진이어서 살 수가 없었어." "매진되어 살 수 없는 CD가 요즘 세상에도 존재한다니⋯." SNS에서는 한바탕 난리가 났다.

당시 트위터에서는 밴드 관련 내용이 핫키워드 1~7위를 독점할 정도였다. 물론 오리콘 차트에서도 1위를 찍었다. 나 역시 트위터로 신작 발표 사실을 알고 난 직후 매장을 방문해 어렵사리 구입을 했다.

오랜만에 발표한 그들의 작품은 역시 기대를 저버리지 않았다. 하지만 그들이 CD를 발표한 방법이야말로 정말 멋지지 않은가? SNS 시대에 딱 맞는 판매 방법이었다. SNS가 없었다면, 아마 이런 일은 불가능했을 것이다.

기발한 판매법보다 Hi-STANDARD가 대단한 건 따로 있다. CD를 산 사람 모두가 '신곡을 내줘서 고맙다'는 마음을 느끼도록 했다는 점이다. 사실은 마케팅 전문가들조차 한 수 배우고 싶은 고단수의 마케팅이었다.

기업에서 "제발 사주세요."라고 부탁하는 것이 아니라, 고객 쪽에서 "우리에게 팔아주세요."라고 말하게 하는 것이야말로 진짜 성공적인 마케팅이다. Hi STANDARD가 보여준 신곡 발표는 '연결 경제' 시대 마케팅의 가장 모범적인 사례이다.

판촉 없이도 완판행진을 이어간다

실은 내가 운영하는 마케팅스쿨 에크스마에서도 같은 현상이 일어난다. 반바지 사장으로 유명한 의류제조사 경영자 오쿠노 씨의 상품도, 오타루의 노점 스시집 '오타루 마사즈시'의 3대가 운영하는 스시 이벤트도, 세탁체인점 경영자인 가베시타 씨가 운영하는 블로그 스쿨도, 마케팅 컨설턴트 히라마츠 씨의 미용실도, 제과캔 제조사 사장 시미즈 씨의 세미나도, 영업이나 판촉은 일체 하지 않는다. 그런데도 고객들로부터 참가하고 싶다, 사고 싶다는 요청이 쇄도하며 완판 행진을 이어간다. 게다가 고객들로부터 감사인사까지 받는 상황이다.

"상품을 만들어줘서 고맙다." "이벤트를 열어주어 감사하다." "배움의 기회를 주어서, 참가할 수 있어서 기쁘다." "세미나를 기다리고 있었는데, 정말 영광이다…." 이런 상황을 보며 당신은 어떤 생각을 하는가? 이 모든 현상에서 공통적으로 존재하는 것은 팬, 열성적인 팬층이 두텁다는 사실이다. 그러면 이런 팬은 어떻게 확보될까?

지금은 연예인이나 유명 밴드의 멤버가 아니더라도, 개인에게 팬이 존재하는 시대다. 기업에도, 스시 장인에게도, 프리랜서 소믈리에에게도 팬이 생긴다.

많은 사람들이 온라인으로 교류하는 시대. 유튜브, 페이스북, 트위터, 인스타그램, 블로그 등등 대다수 현대인은 두 가지 이상의 디지털 소통창구를 가지고 살아간다. 개인의 생각과 행동을 발신하는 도구가 증가했다는 의미다. 팬은, 발신자의 생각에 교감하는 사람이 증가하는 과정에서 자연스럽게 만들어진다. 팬들 사이가 연결되면서 소비가 일어나고, 팔지 않아도 팔리는 상품이 만들어진다.

· ·

고객과 어떤 관계를 만들어낼까?
상품과 서비스에 어떠한 관계성을 입힐 수 있을까?
사회와 어떠한 관계를 맺는가?

앞으로 기업이 가장 몰두해서 고민해야 할 중요한 요소들은 바로 이런 질문에 대한 해답을 찾는 일이다.

USP, 당신만의 오리지널리티는 어디에 있는가?

04

키워드 둘: 개성

내가 주최하는 세미나는 거의 대부분 회의실에서 진행되지 않는다. 대신 라이브하우스를 이용한다. 아니면 근사한 레스토랑이나 펍, 하우스 바, 영화관, 호화여객선 등도 세미나 장소로 활용된다. 동종의 비즈니스 세미나를 하는 사람들과 전혀 다른 장소에서 개최하는 것만으로도 세미나의 성격은 한층 업그레이드된다. 비교 불가의 매력이 생긴다고 할까? 이는 기업 운영에서 매우 중요한 개념이다.

비즈니스에서 최대 전략은 경쟁 배제

나는 이미 십수년 전부터 제살 깎아먹는 경쟁 대신 이 전략을 강조해 왔다. 비즈니스에서 그런 경쟁은, 고생은 고생대로 하고 손에 넣는 보상조차 없이 심신을 피폐하게 만든다. 살아남기 위해 발버둥치다 점점 더 깊은 수렁에 빠질 뿐이다.

　　　　　　　　• •

매출이 나빠 실패하는 기업은 대부분 닮은꼴이다.

무모한 경쟁궤도에서 탈출하지 못하는 게 바로 그것이다.

반면 실적 좋은 성공한 기업은 제각각 다르다.

독자적인 가치를 세상에 제공하고 있기 때문이다.

차별화하지 마라! '독자화'하라!

USP(Unique Selling Proposition)라는 단어가 있다. '당신만의 독창적인 가치'
라는 마케팅 용어이다. 자신의 회사나 제품이 지닌 특출한 이점, 고
객에게 선택받는 유니크한, 타사와 차이를 주장할 수 있는 그것 말이
다. 다른 곳에 없다는 사실, 그게 바로 당신의 오리지널리티(originality)
라는 의미다. 마케팅에서든, 브랜드를 구축할 때든, USP를 생각하는
것은 매우 중요하다. USP가 빼어날수록 마케팅은 수월해진다. 이건
마케팅 상식이다. 거기서 파생되는 키워드와 오리지널리티가 광고나
PR이 전달하려는 메시지를 더욱 선명하게 부각시키기 때문이다.

오리지널리티가 있으면 가격경쟁에 휘말리지 않는다

오리지널리티를 확보하면, 가격 결정권도 당신이 쥘 수 있다. 다른 곳
에서는 구할 수 없는 것이므로, 갖고 싶은 고객에게 당신이 자유롭게

가격을 제시할 수 있다. 얼마나 자유로운가?

여기서 중요한 사실이 있다. 오리지널리티는 상품과 서비스에 한정된 이야기가 아니라는 것. 판촉물이든, 홈페이지든, SNS 발신이든, 다른 곳과 같은 내용으로 승부를 걸어서는 곤란하다.

가령 온천 료칸의 웹사이트를 떠올려보자. 거의 모든 온천 료칸들이 유사한 모양의 홈페이지를 운영한다. 새로울 것 없는 다다미와 노천탕과 해산물 요리 영상으로 객실과 요리와 온천탕을 보여주는 식이다. 그러니 게와 새우, 이부자리와 노천탕 사진만으로는 더 이상 료칸의 개성을 알릴 수 없다. 깨끗한 방, 노천온천과 욕실, 잘 차려진 가이세키 상차림. 어딜 봐도 개성이라고는 찾을 수가 없다. 온천 료칸은 극진한 대접이 콘셉트여야 하건만, 그곳에서 행복해하는 사람의 얼굴은 보이지 않는다. 인간미 없고 개성도 없는, 그럭저럭 해치운 듯한 웹사이트들뿐이다. 이렇게 해놓고 고객의 선택을 기다린다고?

안타깝게도 획일화된 료칸이 선택받을 가능성은 점점 더 줄어든다. 단적으로 말해서 오카미(료칸 주인)와 스태프의 얼굴을 드러내지 않으면, 관계성은 절대 만들어지지 않는다.

유연한 행동력으로 성공한 명품 브랜드 '에르메스'

'불확실성의 시대'라는 말은 이미 우리에게 익숙한 용어다. 그러한 상황에서 미래를 예견하는 일은 누구에게든 쉽지 않다. 그래서 마케팅도, 신규 사업도 직접 뛰어들어 경험하면서 그 불확실성에 유연하게 대응하는 자세가 필요하다.

우리가 잘 아는 명품 브랜드 '에르메스'도 마찬가지였다. 19세기에 창업한 에르메스는, 처음에는 마구(승마도구)를 제조·판매하던 회사였다. 그러다 자동차 이용자가 늘면서 마구 비즈니스가 쇠퇴할 것으로 예견되자 안장 만들던 기술로 가방과 지갑 등 가죽제품을 만들어 성공했다. 주력상품은 바뀌었지만 에르메스는 '장인기술 계승' '이동과 여행의 즐거움'이라는 고유 콘셉트를 놓치지 않은 채 진화를 거듭해왔다. 환경 변화에 재빨리 대응하면서 스스로 변화를 시도한 것이다. 이것이 성공 요인이었다.

변화할 수 있는 자만이 살아남는 법. 진화하지 못하는 것은 후퇴나 도태와 같은 의미다.

콘셉트와 전통을 지키면서, 얼마나 혁신할 것인가?

앞서 질문했던 말을 떠올려보라. "당신의 것과 유사한 수많은 회사(가게)가 존재한다. 고객은 어디에서 사든 상관없고, 어디서든 사지 않을 자유도 있다. 수십 개의 선택지를 쥔 고객이 굳이 당신의 상품을 사야만 할 이유가 있는가?" 이 질문에 대한 답을 찾는 것이 가장 시급하다. 이 대답이 고객에게 전달되지 않으면, 당신의 상품은 팔리지 않을뿐더러 고객과의 관계성도 만들어지지 않는다.

대답이 고객에게 전달되지 않는 이유는 명확하다. 개성이 또렷하지 않은 탓이다. 또렷한 USP를 전달하지 못하니 물건은 팔리지 않고, 고객과의 관계성도 요원해진다. 이런 식으로 악순환이 계속된다.

· ·

당신이 아무리 멋진 가게를 갖고 있어도,

아무리 훌륭한 상품과 서비스를 팔고 있어도,

독보적인 가치를 전달하지 못하면

고객에겐 당신의 상품도 서비스도 가게도,

존재하지 않는 것과 마찬가지다.

존재하지 않으니까, 팔릴 리가 없다.

그러면 고객은 왜 소비를 하는가? 돈을 지불할 만한 가치가 있다고 생각하기 때문이다. 우리는 쇼핑할 때마다 갖가지 선택을 한다. 물건을 살 때 '내가 왜 이곳에서 이 상품을 샀는가?' 자문해보라. 왜 이곳을 선택했는가? 가까워서인가? 아니면 우연인가? 혹시 그 이외의 이유가 있었나? 등등. 나아가 신문과 잡지의 광고 혹은 TV 광고를 보며 관심을 가진 상품이 있다면 '왜 끌렸는지'를 생각해보라. 거기에 많은 힌트가 숨겨져 있다.

· ·

명심하라,

USP는 당신 안에서 찾아야 한다.

그런데 알고 보면 독자적인 가치는 우리 안에 잠재하고 있다. 자신만의 특출난 개성을 찾아내서 적극 발신하는 것. 이것이 격변하는 시대에 살아남는 유일한 길이다.

당장 나만이 지닌 매력을 찾는 데 몰두하라. 당신은 세상에 하나밖에 없는 존재이므로 세상 누구와도 다른 개성이 당신 안에 숨어 있다.

05 ▸ 좋아하는 것을 지속하면 당신만의 무기가 된다

키워드 셋: 좋아하는 것

독자성을 발휘하기 위한 지름길이 있다. 자기가 좋아하는 것을 찾아내면 된다. 내가 운영하는 마케팅 스쿨의 학생들은 자신이 좋아하는 것을 소중하게 여긴다. 우리는 '좋아하는 것'을 할 때만 악착같이 일할 수 있기 때문이다. 취향이나 감정에는 거짓말을 할 수가 없다. 그것은 반드시 일에 반영된다. 얼마나 열정적으로 임할 것인가? 얼마만큼 뜨겁게 설명할 수 있는가? 지속적으로 몰입할 수 있는가?

공자의 《논어》에 이런 말이 있다. '아는 사람은 좋아하는 사람만 못하고, 좋아하는 사람은 즐기는 사람만 못하다.' 아무리 뛰어난 지식이나 숙련된 능력을 가진 사람일지라도 그것을 좋아하는 사람을 이길 수는 없다. 나아가 아무리 좋아하는 사람일지라도 그것을 즐기는 사람을 대적할 수는 없다는 뜻이다.

즐기면서 하는 사람은, 지치지 않고 언제까지나 그것을 지속할 수 있다. 대다수 사람들이 진저리치는 공부도 마찬가지다. 즐기는 사람들에게는 하루 종일 공부를 해도 고생스럽기는커녕 시간이 모자란다. 오히려 하면 할수록 공부가 재미있다고 말한다. 그리하여 궁극적으로는 아무나 다가설 수 없는 경지에 도달한다.

취향과 일을 융합하면…,

가슴 깊은 곳에서부터 즐길 수 있는 일을 떠올려보라. 나아가 끝까지 해낼 수 있는지 자문하라. 그런 후에 깊이 빠져드는 것이다. 그것이 당신만의 무기가 될 때까지. 지치지 않고 매진하다 보면, 당신이 손에 쥘 수 있는 무기의 힘과 질은 점점 강해질 것이다. 좋아하는 것을 끝까지 해내면서, 이를 즐겁게 공유(발신)하다 보면 공감해주는 사람은 반드시 나타난다. 그들이 바로 당신의 응원군이다. 이런 과정이 지속성을 지닐 때 당신의 회사(가게)를 중심으로 한 고객 커뮤니티가 형성된다. 이는 다른 회사(가게)가 함부로 카피할 수 없는 소중한 자산이며, 이를 통해 상품과 서비스의 개성이 생겨난다.

요약하자면, 개성이 생긴다는 것은 당신이 좋아하는 것이 일이 된다는 의미다. 좋아하는 것과 일을 융합하기. 이것이 개성을 발휘해 고객들로부터 선택받는 요인이 된다. 그렇다면 좋아하는 것을 어떻게 일로 만들어낼까? 이제 그 문제를 생각해보자.

오키나와 특산품 '자색고구마 타르트' 성공의 열쇠

오키나와의 특산품으로 '자색고구마 타르트'라는 과자가 있다. 연간 3000만 개 이상 팔리는 인기 상품으로, 이미 알고 있는 사람도 적지 않을 것이다. 오키나와 공항에 가면 '오카시고텐御菓子御殿(과자저택)'이라고 적힌 노란색 종이가방을 손에 든 관광객을 흔히 만날 수 있다. 자색고구마 타르트를 만들고, 오카시고텐이라는 점포도 운영하는 '주식회사 오카시고텐'의 쇼핑백이다. 참고로 오카시고텐은 우리의 고객회사이기도 하다.

자색고구마는 오키나와 요미탄손이라는 마을의 특산 작물이다. 지금 자색고구마 타르트가 오키나와의 특산품이 된 건 '이 고구마를 이용해 과자를 만들 수는 없을까?' 고민했던 선대 회장 다쿠시 가즈코 씨의 노력의 결과물이다. 여러 시험을 거쳐 자색고구마 타르트 개발에 성공하고 발매를 시작하자마자 제품은 폭발적으로 팔렸다. 그러나 반년이 지나자 유사품들이 줄지어 나오기 시작했다. 유사품들이 가공

색소를 사용하는 데 반해 오리지널은 상품은 순수한 자색고구마를 주원료로, 혼합물 사용을 최소화한다. 따라서 맛있고 질 높은 과자를 만들면 고객이 그 차이를 알아줄 것이라고 다쿠시 씨는 굳게 믿었다. 하지만 고객은 원조의 진가를 알아주지 않았다.

상황은 점점 심각해져서 자색고구마가 유명해질수록 타사 유사품이 오히려 오리지널이라고 알려질 정도였다. 오리지널 자색고구마 타르트와 유사품을 비교 시식해보면 맛의 차이는 금방 식별된다. 하지만 그 차이를 구별해가며 먹을 사람이 과연 몇 명이나 될까? 이대로 가다가는 오히려 원조가 망할 위기였다.

· ·

맛과 재료를 엄선하는 것만으로는 부족하다.
상품과 서비스를 아무리 설명해도
그것만으로는 독자적인 힘이 생겨나지 않는다.

다쿠시 씨는 고민에 빠졌다. 어떻게 해야 원조와 유사품의 차이를 제대로 알릴 수 있을까? 그런 고민 끝에 나온 것이 개발 스토리였다. 오키나와 요미탄손 마을에 대한 사장의 애정, 회사에서 과자를 만드는 철학 등을 이야기로 만들어 적극 홍보한 것이다. 상품과 맛은 비슷할지 몰라도, 열정과 철학은 흉내낼 수 없다. 오카시고텐은 기회가 있을 때마다 이 스토리를 적극 알리기 시작했다.

맛은 흉내낼 수 있지만, 진심은 흉내낼 수 없다

상품을 상자에 넣은 뒤 오리지널 소책자를 만들어 동봉했다. 이미 활용하고 있던 홈페이지와 이메일 매거진, 설문지를 통해서도 스토리를 발신했다. 가령 설문지에서는 기존에 '맛은 어떠셨습니까?'라고 묻던 질문을 '당신의 행복 메시지를 들려주세요.'라고 바꾸었다. 맛있는 과자에는 사람을 행복하게 하는 힘이 있다는, 이 회사만의 독자 철학의 연장선이었다. 과자에 대한 자신들의 철학과 개발 스토리를 널리 알림으로써 오카시고텐은 독자적 가치를 만들어내는 데 성공했다. 이를 통해 원조와 아류의 차이가 분명해지면서 오카시고텐은 오키나와를 대표하는 특산품으로 자리잡을 수 있었다.

편집은 요술쟁이
키워드 넷: 편집

내가 고객을 만날 때마다 수없이 반복하는 말이 있다.

• •

아무리 가치가 있는 상품이라도,

아무리 가치가 있는 서비스라도,

아무리 가치가 있는 점포라도,

그 내용을 제대로 전달하지 않는다면

고객에겐 '존재하지 않는 것'과 같다!

당신이 누군가에게 엄청난 고마움을 느낀다고 치자. 그 마음이 제대로 전달되지 않는다면 상대가 당신 마음을 알 리 없는 것과 마찬가지다. 당신이 아무리 강한 애정을 품고 있다 한들 정확하게 표현하지 않으면 무슨 소용 있겠는가?

아무리 훌륭한 상품이라도, 아무리 멋진 가게라도, 제대로 전달하지 않으면 존재하지 않는 것과 같다는 얘기 역시 그런 맥락이다. 가치를 전달하기 위해서는 이 상품을 사면 이러저러한 '체험'이 가능하다는 관점이 제일 효과적이다. 상품의 스펙(사양, 성능, 재질 등)을 직접적으로 전달하는 것은 의미가 없다. 가령 우리는 '실크 100퍼센트 블라우스'나 '2500cc엔진 탑재' '1500만 화소 고화질' 같은 문구를 물리도록 접했다. 그런 선전문구들이 당신의 호기심을 자극하는가?

• •

이 상품을 사면,

어떠한 체험을 얻을 수 있을까?

어떠한 라이프스타일을 갖게 되는가?

어떠한 문제 해결을 해주는가?

이 같은 질문을 습관화하라. 그러다 보면 당신은 점점 더 알기 쉬운 형태로 자신만의 매력을 고객에게 어필할 수 있게 된다.

15배 판매고의 단순한 비밀

가고시마에 있는 홈센터(DIY공구판매점)의 사례를 들어보겠다. '아크릴 연마제'라는 상품이 있다. 아크릴을 깨끗하게 연마하는 이 제품에 사

매장에 진열해 둔 헬멧으로 가치를 전달하다

연간 60개 겨우 판매되던 아크릴 연마제. 헬멧을 보여주는 것으로 사야 할 이유를 전달한 결과, 빅히트 상품으로 변신했다.

장이 새로운 POP를 붙였다.

'오토바이 판매점에서는 팔지 않았습니다!'

그 아래 오래된 헬멧을, 페이스에 붙은 투명실드를 반만 닦아둔 상태로 진열했다. 연마제로 닦은 곳은 투명하고, 절반은 때가 묻은 채로. 한눈에 보아도 그 차이가 분명했다. '우리 제품을 사용하면 이렇게 좋다.'는 말 대신 실제 사용 사례를 고객에게 보여준 것이다.

그 결과 어떻게 되었을까? 연간 60개 전후 판매되던 제품이 1,000개 이상 팔려나갔다. 원래 이 상품 포장에는 '아크릴 연마제'라는 상품

명만 쓰여 있지 않았다. 작은 글씨로 '광택을 내고, 잔 상처와 오염을 제거. 평균 3~5마이크론 입자가 풍부한 광택을 만들어냅니다.'라는 설명서가 덧붙어 있었다. 그러나 고객들은 설명서를 보고도 이 제품을 어디에 써야 하는지 몰랐다.

실제로 이 아크릴 연마제는 많은 곳에 사용이 가능하다. 핸드폰 화면, 아크릴제 수조의 표면, 아크릴판이 들어간 창문, 테이블 등등 아크릴판이라면 모두 유용하게 쓸 수 있었다. 그래서 '아크릴 제품이라면 전부 사용할 수 있습니다.'라고 아무리 외쳐도, 고객은 거들떠보지 않았다. 그러던 중 '오토바이 타는 사람'을 타깃으로 삼아 '헬멧'이라는 실물을 전시해 '실드를 닦으면 이렇게 깨끗해진다'는 POP 정보를 전달함으로써, 사야 할 이유를 분명히 알려준 것이다. 더 중요한 사실이 있다. 이렇게 정보를 전달하자 이 제품을 '거기에도 사용할 수 있지 않을까?'라며 다른 용도를 떠올린 사람들이 폭발적으로 늘었다는 점이다. 이렇게 상품의 용도 및 타깃을 좁혀 좀 더 알기 쉬운 용어로 전달하는 것이 '상품 편집'이다. 상품의 정보를 재편집해 발신함으로써 고객에게 쉽게 전달하는 셈이다.

용도 변경한 원예용 모종삽의 반란

같은 홈센터의 또 다른 사례를 살펴보자. 원예용 모종삽의 상품명은 '플랜터 스쿠프planter scoop'. 일반 판매점에서는 단순히 '플랜터 스쿠프

000엔'이라고만 쓰여 있을 뿐이다. 그저 스펙을 알려주는 문구다. 고객들은 이 설명을 보며 '아, 원예용 모종삽이구나.'라고 생각할 뿐 더이상 호기심을 느끼지 않는다. 그런데 이곳에서 기발한 사용법을 소개하며 판매를 시작했다. 가고시마현은 지역 특성상 사쿠라지마 분화로 화산재가 많은 곳이다. 여기에 착안해 '이 상품이 어떤 문제를 해결해줄 것인가?'에 맞춘 POP를 붙였다. '화산재 푸는 일이라면 저에게 맡겨주세요. 빗물받이 청소에도 제격!! 깨끗하게 퍼낼 수 있답니다. 빗물받이 청소스쿠프(원형) 398엔.' 그 옆에 빗물받이를 함께 전시한 결과, 한 해에 4개 정도 팔리던 것이 연간 500개 이상 팔려나갔다.

이 두 가지 사례는 상품 정보를 편집하는 일이 얼마나 중요한지를 잘 보여준다. 당신의 상품이 어떠한 문제를 해결해줄 수 있는지, 어떤 라이프스타일을 재창조해줄 수 있는지를 다시 한 번 질문해보라.

08 위기를 돌파하는 힘은 일탈에서 나온다

키워드 다섯: 일탈

혁신의 열쇠가 되는 단어가 있다. 바로 '일탈'이다. 여러분도 잘 아는 '아이코스'. 이 제품이야말로 일탈의 좋은 사례다.

종이말이 담배의 선두주자인 필립모리스 인터내셔널은 자사 상품의 시장 축소에 일찌감치 위기감을 느꼈다. 그래서 개발해 빅히트한 상품이 바로 '아이코스(궐련형 전자담배)'이다. 현재 일본에서 개당 9,980엔(본체 가격)에 파는 고가 제품임에도 아이코스는 없어서 못 파는 상태가 이어지고 있다.

이즈미 슈이치 씨가 쓴 〈NewsPicks〉의 기사 '파괴자인가, 구세주인가. 담배업계 아이폰의 야망(2017년 4월 12일자)'에 따르면, 2012년 당시 CEO가 이렇게 말했다고 한다.

"우리는 지금 업계 격변 전야에 있다."

"우리는 시장을 새로운 색으로 바꾸는 혁신적인 제품을 개발하고 있다."

당신이 발 담그고 있는 업계도 그럴지 모른다. 무언가가 혜성처럼 등장해 한순간 판도가 뒤집힐 수 있다. 그 여파로 지금까지 해온 사업이 확 쪼그라든다면? 이런 상황은 언제든 올 수 있다. 사실 오랫동안 유지되던 사업이 한순간에 뒤집히는 사례는 세상에 넘쳐난다.

필립 모리스 인터내셔널이 한 일은 자신들이 해오던 기존 종이말이 담배 비즈니스를 부정하고, 지금까지의 제조방법을 부정하고, 차세대 담배를 개발한 것이다. 담배라는 기호품이 완전히 사라지기 전에, 담배라는 시장의 색깔을 바꾸어버린 것이다. 대단하지 않은가?

일탈로 인해 선택지가 넓어진다

이 사례를 당신의 일에 대입해보자.

• •

한번 가정해보라.
지금 당신이 팔고 있는 것, 취급하는 상품이나 서비스가
내일 당장 사라진다면?

이 질문과 맞닥뜨린다면 어떤 생각이 제일 먼저 들까? 아마도 지금까지 당신이 알던 세상과 상식이 와르르 무너지는 듯한 두려움이 몰려올 것이다. 지금 당신이 몸담고 있는 업종이 점점 축소되는 추세라

면, 상식의 범위 안에 머물러서는 절대 안 된다. 스스로의 존재 자체를 제로에 두고 과감한 일탈을 시도해야 할 타이밍이다. 일탈을 통해서만 우리는 다양한 관점과 새로운 선택지를 얻을 수 있다. 이를 실천한 회사와 그렇지 않은 회사의 명암은 머잖아 분명하게 갈린다.

· ·

회사가 늘 같은 것만 하고 있으면,
세상에 필요 없는 존재로 전락한다.

기업가는 누구보다 민감하게 세상 흐름과 환경에 촉수를 세워야 한다. 살아남기 위해 변화의 기미를 빨리 알아차리고 늘 새로운 것을 모색하는 자세가 필요하다.

일탈을 계속하는 것에 의미가 있다

여기서 대표적으로 언급할 회사가 있다. 2012년 연방도산법이 적용된 카메라업계 최대 기업 '코닥'이다. 120여 년 역사를 자랑하며 한때 세계 필름시장의 70퍼센트를 점유했을 만큼 모두가 부러워하는 명문 기업이었다.

컬러필름이 전 세계적으로 가장 많이 팔리던 때는 2000년. 이로부터 12년 후 코닥은 파산하고 만다. 이유는 하나였다. 디지털 카메라가 세상을 어떻게 바꿀 것인지 제대로 알고 대처하지 못했기 때문이다. 설마 필름이 없어질까? 그들은 그렇게만 생각했다.

어쩌면 생각하고 싶지 않았을지도 모른다. 아이러니하게도, 코닥은 세계에서 가장 먼저 디지털 카메라를 발명했을 정도로 과감하게 일탈을 감행했던 회사다. 하지만 중요한 타이밍에 미적거리고 망설이다가 회사 자체가 무너졌다. 미세하게라도 위기가 감지된다면, 곧바로 일탈적 사고를 감행할 것. '일탈'이야말로 새로운 시대를 돌파하는 데 있어 무엇보다 중요한 요소다.

가게 콘셉트 변화로 상식을 파괴하다

저렴하게 판매하는 것이 당연했던 업계에서, 일탈의 관점으로 성공한 드럭스토어가 있다. 오사카 사카이에 있는 '해피 약국'이 그곳이다.

해피 약국 역시 이전에는 어디에나 있을 법한 평범한 드럭스토어였다. 그러다 창업 20주년을 맞아 사장인 하시모토 씨가 너무나 좋아하는 하와이를 점포 콘셉트에 도입한 것이 변화의 계기가 되었다.

우선 인테리어가 일탈 그 자체였다. 마치 하와이의 별장에 있는 듯한 느낌을 연출한 것이다. 여기에 하와이 음악과 파도 소리를 배경음악으로 깔아, 그곳에 들어서면 휴양지에 간 듯 기분이 좋아지도록 유도했다. 일반 드럭스토어 직원들이 상식처럼 입고 있는 하얀 가운 역시 이곳에는 없었다. 대신 모든 스태프가 알로하 셔츠 차림으로 손님

일탈적 사고로 대성공

업계 상식	해피약국의 일탈 사고
백의를 입는다	알로하 셔츠
상품군을 다양하게	아이템 8종류
염가 판매	정가 판매

을 맞았다.

여기에 상품군을 파격적으로 줄인 것도 특색 있었다. 취급하는 약의 아이템은 고작 8종류. 상품군을 가능한 많이 두는 드럭스토어의 상식과 정반대였다. 물건이 많으면 재고 파악도 힘들고, 정리하는 것도 번거롭다. 이를 피해 미용과 건강 상담을 주로 하는 약국으로 변신했다.

현재 해피 약국에서는 화장품과 건강보조식품을 정가에 판매한다. 드럭스토어인데도 절대 싸게 팔지 않는다. 특히 이곳의 미용 부문은 품질이 좋다고 입소문이 나면서 고객이 기하급수적으로 증가했다. 드럭스토어에서 상식처럼 여겨지던 염가판매 원칙을 파괴한 덕에 해피 약국은 차별화된 상담과 상품의 품질에 주력할 수 있었다. 일탈적 사고를 통해 성공한 좋은 사례이다.

09 < 지금은 '동사의 경제' 시대

최근 몇 년 사이, 비즈니스를 둘러싼 환경은 크게 변했다. 이에 대해서는 누구도 이견을 달지 않을 것이다. 고작 몇 년 전만 해도 유효했던 많은 것들이 제기능을 잃었다. 또 상식처럼 여겨지던 여러 홍보 채널들이 전혀 쓸모없는 구닥다리가 되었다. 기업이 마케팅 시나리오를 고민할 때 근본적인 사고를 바꾸어야 한다는 걸 의미한다. 이때 필요한 것이 '동사의 경제'라는 시점이다.

물건이 부족하던 시대에는 좋은 상품만 보유하면 그냥 팔렸다. 자동차가 귀하던 시대에는 영업소를 차리는 것만으로 비싸게 팔 수 있었다. 신제품과 새로운 서비스만으로 감동을 불러일으키기에 충분했다. 상품을 중심으로 한 '명사의 경제'였기 때문이다.

시간이 지나면서 물품이 점차 많아지고, 풍요로움에 고마움을 느끼지 못하는 소비자가 늘어났다. 그러자 기업은 '부가가치'를 붙이기 시작했다. 마케팅이 필요해진 것이다. 상품에 디자인이라는 부가가치를 입히거나, 다기능이라는 부가가치를 얹거나, 서비스라는 부가가치를 추가했다. '아름다운 OO' '디자인이 좋은 OO' '재료를 엄선한 OO' '최상의 환대서비스 OO' 등이 부가가치를 중심으로 한 '형용사의 경제'이다. 이 시대가 오래 지속되었다. 고급 수입 브랜드 소비에서는 이 형용사의 경제가 특히 강하게 작동했다.

체험 마케팅의 시대가 왔다

명사에서든 형용사에서든, 중요한 것은 물품이었다. 그러나 소비자는 점점 더 진화했다. 스펙과 기능, 부가가치로 판단하는 것이 아니라 그 상품을 구입함으로써 어떤 체험을 할 수 있는가를 중시하기 시작했다. 이 제품을 통해 어떤 멋진 생활을 얻을 수 있는가? 어떤 기분으로 좋은 시간을 보낼 수 있는가? 어떤 문제를 해결해줄 것인가?

물건이 아닌 체험, 즉 '동사의 경제'가 시작된 것이다. 그러므로 가게에서도 단순히 물건을 파는 것에 그쳐서는 안 된다. 그 가게에 들어서는 것만으로 즐겁거나 힐링이 되는 식의 체험을 팔아야 한다.

멋진 패션을 파는 것이 아니라 패션을 통한 멋진 삶을 팔아야 한다는 의미다. 편리하고 멋진 자동차를 파는 것이 아니라 그 자동차와 함께하는 풍요로운 라이프스타일을 팔아야 한다. 단순히 세련된 회사 안내책자를 인쇄하는 것이 아니라 영업력이 향상되는 강력한 도구로

서의 안내책자를 제공해야 한다. '물건'이 아닌 '체험'을 판다, 바야흐로 체험 마케팅 시대가 도래했다.

기업이 아니라, 개인의 힘이 커지고 있다

소셜미디어의 발달은 새로운 소비행동을 낳았다. 지금 소비자들은 몇 년 전이라면 상상조차 할 수 없던 정보 유통창구를 손에 넣었다. 페이스북, 트위터, 라인, 유튜브 등을 통해 그들은 상품 이용 정보를 실시간으로 발신하고 교환하고 평가하게 되었다.

매스미디어를 통해 전달된 정보에만 의지하던 과거와 달리 지금은 정보원이 넘쳐난다. 친구나 지인, 파워블로거, 수많은 개인들이 소셜미디어를 통해 정보를 발신한다. 기업에서 내보내는 일방적인 정보를 더 이상 곧이곧대로 신뢰하지 않는다.

"21세기는 국가와 기업이 아니라 개인의 힘이 증가할 것이다." 앨빈 토플러의 말이다. 설마 그런 세상이 올까 싶었는데, 정말 그런 현실이 우리 앞에 펼쳐졌다. '개인이 미디어가 되는 시대' 말이다. 지금까지 쳐다보지도 않았던 개인의 발신 정보가 때로 커다란 영향을 주는 시대. 이제 정보 권력은 매스라는 거대한 힘을 가진 미디어에서 개인 미디어로 옮겨가는 중이다. 그리고 이 흐름에는 가속도가 붙어서, 개인들이 더욱 막강하게 사회에 영향력을 미치는 시대가 올 것이다.

이 '동사의 경제'라는 환경 아래에서는 기업도 완전히 달라져야 한

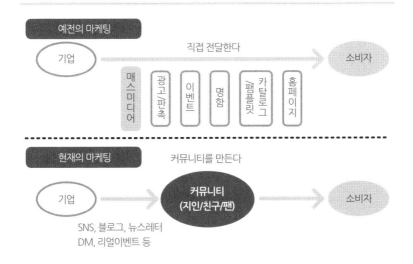

마케팅의 방향이 크게 변했다

예전의 마케팅

기업 → 직접 전달한다 → 소비자

매스미디어 / 광고/판촉 / 이벤트 / 명함 / 카탈로그/팸플릿 / 홈페이지

현재의 마케팅

기업 → 커뮤니티를 만든다 → **커뮤니티 (지인/친구/팬)** → 소비자

SNS, 블로그, 뉴스레터
DM, 리얼이벤트 등

다. 마케팅 시나리오를 세우는 관점 자체를 근본적으로 바꿔야만 살아남는다.

기업 주어에서 고객 주어로 마케팅하다

좋은 의미에서든 나쁜 의미에서든, 마케팅은 다소의 사기성을 지닌다. 대중의 행동이나 심리를 조작하여 소비를 일으키는 '사기성' 말이다. 이런 카피를 쓰면 소비자의 시선을 끌 수 있을 거야, 이런 이벤트를 하면 고객이 모이겠지, 이런 이미지로 광고를 만들면 명품 이미지가 부각되겠지, 등등. 이 모든 건 기업이 주체가 되어 쓰는 시나리오였다. 마케팅이란, 모종의 의도를 가지고 소비자에게 미끼를 던진 뒤, 그 시나리오를 기업이 컨트롤하면서 의도한 효과를 실현하는 일련의 과정이다. 그러나 소통이 편리한 소셜미디어가 등장하면서 상황은 급변했다. 수많은 사람들이 동시다발적으로 SNS를 즐기면서 생각이나 행동에도 절대적인 영향력을 미치기 시작했다. 당연히 소비자가 커뮤니케이션을 컨트롤하는 비중도 커졌다. 따라서 마케팅 역시 기업이 아닌 소비자의 관점에서 출발하는 게 필수요소로 자리잡았다.

• •

사람들이 스스로 공감하고,

그곳에서 커뮤니티가 생겨,

새로운 마켓이 생겨난다.

소비자가 마켓을 만드는 듯한 마케팅.

앞으로의 마케팅에서는 이와 같은 시나리오가 반드시 필요하다. 이런 관점을 습득하지 못한 채 마케팅에 나선다면 수많은 비즈니스 기회를 허공으로 날려버릴 공산이 높다.

10 정보는 매력적으로 전달할 것
제대로 전달해야 가치가 생겨난다

언젠가 홋카이도 상공회의소 의뢰로 강연을 갔을 때의 일이다. 담당자로부터 강연 전에 오호츠크 유빙관을 꼭 봐달라는 요청을 받았다. 시와 민간이 공동으로 운영하는 시설인데 오래되어 리뉴얼해야 한다는 얘기였다. 그곳은 오호츠크 해에 면해 있으며 유빙으로 매우 유명한 지역이다. 2월부터 3월 말에 걸쳐 유빙을 관광자원으로 삼아, 유빙을 깨며 나아가는 관광선 등으로 많은 관광객을 유치하고 있다.

유감스럽게도 나는 유빙에 그다지 관심이 없었다. 다만 일이었기 때문에 어쩔 수 없이 둘러봐야만 했다.

유빙관에 들어갔으나 영상물 전시실이 시대에 너무 처진 느낌이 드는 바람에 의욕을 상실하고 말았다. 스키복 같은 것도 유행을 탄다. 따라서 전시된 사진만 보고도 '아! 저거 아주 오래 전에 유행했던 거잖아.'라는 생각이 들면서 가뜩이나 심드렁하던 관심이 완전히 사라져버렸다. 전시실의 안내물과 영상을 보면서 나는 혼자 투덜거렸다. "대체 유빙이 뭐가 재밌다는 거야? 춥기만 하고."

그때 마침 유빙관의 가이드가 내게 왔다. 그날 나를 담당한 가이드는 서른 언저리의 여성이었다. 그녀가 유빙에 대한 설명을 시작했다. 솔직히 처음 든 생각은 '굳이 설명해줄 필요까진 없는데…,'였다. 흥미도 없을 뿐더러, 빨리 식사하러 가고 싶다는 생각뿐이었으므로. 그런데 이 사람의 설명이 너무나 좋았다. 그리하여 나는 가이드가 말하는 '왜 유빙이 대단한 것인가'라는 이야기에 쏙 빠져들고 말았다.

겨울이면 오호츠크 해는 전부 유빙으로 얼어버린다. 한데 이 바다는 유빙의 남방한계점으로, 이곳이 언다는 것은 위도상으로 기적에 가까운 일이다. 그렇다면 왜 어는 것일까? 그녀가 들려주는 수많은 이야기가 나를 사로잡았다. 오호츠크 해 북서쪽에는 아무르 강이 흐르고 있다. 엄청난 양의 이 강물이 바다로 흘러내린다. 해수에 대량의 민물이 흘러 섞이면 어떻게 될까? 염분이 진한 물과 민물이 만나면 민물은 위쪽으로 모이고 염수는 아래로 가라앉아 잘 섞이지 않게 된다. 물과 기름처럼.

다들 아는 바와 같이 민물은 0도가 되면 얼어버린다. 그러나 해수의 응고점은 더 낮아서 -3도 이하로 내려가야만 언다. 아무르 강으로부터 대량의 민물이 섞여든 오호츠크 해수면은 다른 바다보다 더 쉽게 얼게 된다. 다만 표면만 얼어버리는 바람에 유빙이 발생한다는 것이다. 덤으로 오호츠크 해는 물이 큰 바다로 흘러나가기 어려운 지형이다. 거대한 호수 같은 상황이 되는 것이다.

이 위도에 위치한 바다가 언다는 것은 보통 불가능하다. 반면 오호츠크 해의 표면이 통째로 얼어버림으로써 유빙과 함께 플랑크톤도 대량으로 몰려오게 된다. 그 플랑크톤을 찾아 물개나 고래, 각종 물고기들도 몰려든다. 그래서 이곳이 풍부한 어장이 되고…. 이 얼마나 흥미로운 이야기란 말인가?

유빙이 새삼 다르게 보였다

가이드는 이어서 지구온난화로 인해 유빙이 서서히 줄어든다는 이야기를 했다. 그런 이야기를 하나하나 듣고 있자니, 유빙의 엄청난 가치가 자연스레 이해되었다. 전혀 흥미가 없었는데, 유빙에 대해 공부를 좀 더 해볼까? 그런 생각이 들 정도였다.

자, 이 이야기를 마케팅 측면에서 생각해보자. 당신의 상품이나 서비스도 유빙과 같다. 소비자는 처음에 그다지 관심이 없을지 모른다. 그러나 흥미를 느끼게 하는 요소가 눈에 띄면 이야기는 달라진다. 바로 이때 필요한 것이 정보이다.

• •

인간은 모르는 일에는 흥미를 갖지 않는다.
인간은 가치를 모르는 것은 선택하지 않는다.

중요한 건 정보를 전달하는 방법이다. 누가, 어떻게 정보를 전달하느냐에 따라 상대가 흥미를 느끼는 강도는 완전히 달라진다. 효과적인 형태로 정보를 전달하면 '아! 그런 거구나. 이럴 수도 있겠네.' 하며 점점 더 흥미를 갖게 마련이다.

선택받지 못하면, 팔 수도 없다. 그리고 선택받지 못하는 원인의 대부분은 '정보'를 제대로 전달하지 못한 것으로 귀결된다. 그날 전시실에서 약 20분 정도 이야기를 들은 후 나는 유빙에 대해 엄청난 흥미를 갖게 되었다. 애초 아무런 관심조차 없던 것이었는데 말이다. 이렇듯 '정보를 제대로 전달하는 것'은 관계성을 만들어 나가는 데 있어 더 없이 중요한 요소이다.

11 습관의 벽을 깨부수자

'해뜨기 직전이 가장 어둡고 춥다'는 말이 있다.

이건 세상 불변의 이치다. 어떤 것도 결코 단번에 이루어지지 않는다. 인간도 기업도, 한순간 변하는 일은 현실에서 일어나지 않는다. 그러므로 당신이 새벽을 맞이하기 위해서는 어둠을 제대로 견뎌내기 위해 준비하고 기다려야 한다.

아직도 기존의 사고나 업계 상식에 얽매여 있다고? 늦지 않았다. 지금부터라도 혁신적인 사고를 하고 행동하면, 어느 사이엔가 개성적인 가치가 만들어져 당신 자신을 독자화할 수 있게 된다.

미래학자 앨빈 토플러는 1970년에 출판한 책 《미래쇼크》에서 이미 이렇게 예견했다. '이미 와버린 미래에 대응하지 못하는 사회와 시스템은 기능장애에 빠진다. 변화에 대응하지 못하는 기업은 도태된다. 지금 현실이 되어버린 새로운 미래에 적응하지 않는다면….'

그 시대는 지금, 우리 앞에 와 있다.

마케팅의 무게중심은 이미 바뀌었다

상품이 적었던 시대에 마케팅은 단순한 로직으로 움직였다. 상품 자체가 적었으므로, 일단 무언가를 만들어낸 뒤 그 상품을 알리기만 하면 사람들은 구매했다.

그러나 지금은 다르다. 가령 '가능한 많은 사람들에게 정보를 쏟아부어라. 그 중 1퍼센트 남짓 되는 사람이 반응하기 시작하면 매출은 저절로 상승하게 되어 있다'라던 과거의 마케팅 개념은 더 이상 통용되지 않는다. 남은 99퍼센트 소비자의 감정은? 평생 사지 않을 사람 99퍼센트를 만들어내고 있다는 사실을 깨닫지 못하면, 상품은 더 이상 팔리지 않는다. 한번 구입한 인터넷쇼핑몰에서 매주 끈질기게 눈길을 끄는 홍보메일이 날아드는 상황이 대표적인 요즘의 마케팅이다. 웹사이트 역시 예전에는 콘텐츠 중심으로 움직였으나 어느 시점부터인가 '사람'으로 무게중심이 바뀌었다.

예전 소비자에게는 콘텐츠 관람 시간이 많았다. 이제 사람들은 커뮤니케이션을 하는 데 더 많은 시간을 할애한다. 페이스북에 '좋아요'를 누르는 시간, 유튜브로 정보를 찾고 감상하는 시간, 타임라인을 읽는 시간, 메신저로 친구와 교류하는 시간들 말이다.

홈페이지에 아무리 좋은 정보를 소개해도, 단순한 소개에 그친다면 접속자 수가 예전에 비해 절반 이하로 줄어드는 상황은 흔히 발생한다. 그러니 소셜미디어 시대에 맞는 웹 마케팅으로 과감히 전환해야 한다. 누구나 그런 경험을 했을 것이다. 자신도 모르는 사이, 흥미를 끄는 댓글이나 해시태그를 따라 다음 화면으로 이동하는 행동 말이 다. 소셜미디어의 힘은 그만큼 강력하다. 이런 현실을 똑바로 인식하고 발상의 대전환을 하라. 충격적인 미래는 벌써 와 있다. 습관의 벽을 떨친 혁명적 사고야말로 당신의 '값'을 창출하는 원천이다.

틀에 박힌 사고는 발전의 적이다. 무엇이든 좋으니, 새로운 것을 생각하는 훈련을 해보자. 어떤 것이든 상관없다. 아주 사소한 것이라도 괜찮다. 과거에 대단했던 비즈니스 모델도, 빅히트 상품도, 이런 작은 발상에서 시작되었기 때문이다.

하루하루, 새벽을 준비하면서 당신을 새로 디자인해 나가라.

총정리

- '연결 경제 시대'가 도래했다

- 상품과 서비스에는 독자적 가치가 없다

- 새로운 가치 창출을 위한 키워드 5가지
  - 관계성, 개성, 좋아하는 것, 편집, 일탈

- 상품이 뛰어나도 제대로 전달하지 않으면 소용없다

2장

온라인 '연결 경제'의
금맥을 캐라

인간은, 같은 것을 사야 한다면,

보다 친밀한 사람으로부터 산다.

당신의 회사와 상품이 선택받기 위해

고객과의 관계를 구축하는 방법을 알아보자.

사부짱처럼 다가가기

대학에 다닐 때 나는 연극을 했다. 대학교 연극연구회 내 '극단 SHIN'
이라는 곳에 속해 있었다. 작품성 높은 연극을 추구하는 것으로 정평
이 나서 꽤 인기가 있는 극단이었다. 나는 직접 출연도 하고, 연출까
지 담당하면서 대학 4년 동안 이 극단에서 활동했다.

공연이 시작되면 우리는 티켓도 팔아야 했다. 부원 모두 각자 떠안
은 티켓 수가 있어서 친구나 동급생들에게 팔기도 했다. 나는 티켓을
많이 파는 축에 속했다. 평소 친구가 많은 데다 자주 어울려 다녔기
때문이다. 마작을 하거나 영화를 보고, 수업이 끝나면 함께 술을 마시
기도 했다. 또 다른 대학의 친구들과도 어울리고 아르바이트 하는 곳
에서 친구를 사귀는 등 교우관계가 넓은 편이었다. 따라서 내가 그들
에게 "이번 우리 극단에서 공연을 하는데 보러 와줄래?"라고 청하면
거의 모두 티켓을 사주었다.

그러나 극단 멤버들이 모두 나와 같은 건 아니었다. 멤버들 중에는

티켓 파는 걸 고역스러워하는 친구들이 있었다. 아무리 전화를 돌려도 티켓이 팔리지 않았기 때문이다. 가만히 살펴보니 그런 친구들에게는 공통적인 특징이 있었다. 티켓을 팔 때만 연락을 하는 것이다.

세상사가 다 비슷하다. 평소에는 연락도 없다가 티켓을 팔아야 할 때만 "사줘."라고 전화를 한다면, 팔릴 리가 있겠나? 사실 그런 관계는 친구라고 할 수조차 없다. 물론 나의 경우, 의도적으로 친구를 많이 만든 것은 아니다. 자연스럽게 교우관계가 폭넓게 형성되었기 때문에, 고생하지 않고 공연 티켓을 팔 수 있었을 뿐.

어떤가? 메시지가 제대로 전달되었나? 이 에피소드는 현대 소비사회의 단면을 보여준다. 선택받기 위해서는, 팔기 위해서는 무엇이 중요한가? 누차 반복하지만 '관계성'이 그 핵심이다.

기왕이면 잘 아는 사람에게

다가오는 시대, 당신의 회사나 상품이 선택받는 이유는 '관계성'이 될 것이다. 인간은 같은 물건을 산다면, 관계성이 깊은 쪽에서 구입한다. 더 잘 아는 사람에게 다가가려는 것. 이건 우리의 본능이다.

후지TV 계열 방송에서 50년 가까이 인기를 이어오는 〈사자에상〉이라는 애니메이션이 있다. 이 애니메이션의 등장인물 중 사부짱이라는 캐릭터를 알고 있을 것이다. 부엌문으로 나타나서는 간장과 미림 등을 주문받아, 나중에 배달을 해준다. "슬슬 맥주가 떨어질 때가 되었지요?" 혹은 "내일은 가츠오와 와카메짱 운동회라지요. 간장은 충분합니까?"라는 멘트를 적절한 타이밍에 날리면서.

사부짱은 이소노 씨의 가족이 어떻게 구성돼 있는지, 그들이 어떤 일을 하는지, 취미는 무엇이며 각 구성원이 어떤 것을 좋아하는지 등을 뚜르르 꿰고 있다. 한 집안과 오랜 교류를 통해 신뢰관계도 형성되었으므로 이소노 씨 가족을 속일 이유도 없다.

사부짱은 나쁘거나 손해를 보게 하는 것, 미심쩍은 물건은 아예 팔지 않는다. 그래서 가족들 모두 사부짱을 믿는다. 더욱이 사부짱의 가게는 '이소노 씨 옆집에 사는 이사사카 선생 집안도 이용하는 곳'으로서, 주민들에게 신뢰받고 있다. 다시 말해 밀접한 '관계성'을 가지고 있는 것이다. 이제 관계성의 힘을 이해할 수 있겠는가?

번성하는 가게나 회사가 되기 위해서는 절대 서두르면 안 된다. 단번에 많은 걸 팔려고 나서기보다 고객과의 관계성을 단단히 구축하겠다는 방향으로 나아가야 한다.

02 ‘완만한 관계성’ 다지기

비즈니스에서 관계성을 구축한다는 것은, 일반적으로 인간관계를 구축하는 것과 같다고 보면 된다.

관계성은 하루아침에 만들어지는 게 아니다. 오랜 시간을 두고 함께하거나 정보를 공유하는 과정에서 서서히, 자연스럽게 키워진다.

가령 오늘 처음 만난 사람이 "우리, 결혼합시다."라고 말한다면 당신의 기분은 어떨까? 제정신인 사람이라면 아마 단칼에 거절하고 돌아설 것이다. 설사 그가 "저는 OO 대학교를 졸업하고, 연봉 3억을 받고 있지요. 차는 페라리와 벤츠를 번갈아 타고, 사는 집은 60평대 주상복합 아파트예요. 그러니 저와 결혼하시겠습니까?"라고 말하며 들이댄다 하더라도, 선뜻 결혼을 결심할 사람은 없을 것이다.

누군가를 만나 결혼을 결심하려면 여러 번 밥을 먹으며 대화하고, 서로의 성장과정과 가치관을 공유하고, 함께 놀러가 성격을 파악하는 등 적지 않은 시간 동안 애정과 신뢰를 쌓아야만 한다.

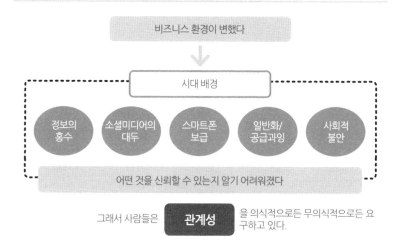

지금, 소비자가 요구하는 것

비즈니스 환경이 변했다

시대 배경

정보의
홍수

소셜미디어의
대두

스마트폰
보급

일반화/
공급과잉

사회적
불안

어떤 것을 신뢰할 수 있는지 알기 어려워졌다

그래서 사람들은 **관계성** 을 의식적으로든 무의식적으로든 요구하고 있다.

비즈니스도 마찬가지다. 고객이 믿고 우리 상품을 사줄 때까지 차근차근 관계성을 구축해나가지 않으면 안 된다.

점포들이 넘쳐나고, 상품과 서비스 역시 흘러넘치는 시대다. 소비자의 선택지 역시 무한에 가까울 만큼 넓어졌다. 고객들로서는 그 많은 것들 중 하나를 선택하는 게 오히려 어려운 상황이다.

이런 현실 속에서도 뉴스 사이트나 SNS를 중심으로 온갖 신제품 정보가 실시간으로 업데이트된다. 정보의 홍수에 빠져 익사할 지경이다. 도대체 어느 것을 사야 할지 종잡을 수가 없다. 어제는 그 상품이 갖고 싶다가도, 다음날이 되면 또 다른 상품이 탐난다. 결과적으로 상품을 살 기회를 놓치는 일이 허다하게 발생한다. 계란이나 화장지와 같은 일상 소비재나 명절 떡 같은 계절상품이 아닌 이상, 사람에 따라 상품을 구입하는 동기는 제각각이다.

세탁기를 예로 들어보자. 신상품이 나왔다는 정보만으로 세탁기를 사는 사람은 드물다. 오히려 쓰고 있는 제품이 고장나는 바람에 구입하는 사람이 훨씬 많다. 이렇듯 사람마다 제각각인 구입 동기 시점에 '아, 그 가게에 가서 사면 되겠구나.'라고 떠올릴 수 있도록, 평소 친숙한 관계를 만들어 두어야 한다. 나아가 한 번 제품을 구입한 고객에게 거듭 선택받을 수 있도록 구입 후에도 지속적인 관계를 유지하는 것이 중요하다.

당신의 가게를 방문한 소비자가 제품을 구경만 할 뿐 사주지 않았다 하더라도 마찬가지다. 그렇게 시작된 인연이 유지될 수 있도록 하는 것, 그게 바로 관계성 만들기의 첫걸음이다.

조급한 행동은 역효과!

오해는 마시길…. 여태 가만히 있다가 갑자기 고객을 빈번하게 방문하는 등 성급하게 관계를 만들려 해서는 안 된다. 판매에만 정신이 팔려 상대가 귀찮을 만큼 DMDirect mail or message을 보내거나, 인터넷 쇼핑몰을 첫 거래한 고객에게 상품홍보 메일을 하루에도 몇 통씩 날리거나, 라인스탬프 선물을 모아온 고객에게 매일같이 할인쿠폰을 쏘거나…. 단기간에 매출을 늘리겠다는 과욕에 사로잡혀 이 같은 행동을 하는 회사들이 의외로 많다. 하지만 그런 방법은 오히려 역효과만 낳는다. 이런 방법이야말로 처음 만난 이성에게 "우리, 결혼합시다."라고 하는 것과 같은 꼴이다.

• •

서서히 공감하고 신뢰받을 수 있도록,

관계성을 튼실하게 다지는 게 필요하다.

중요한 건 완만하게 다져진 관계성이다. 지속적으로 번성하고 발전하기 위해 '완만한 관계성'이라는 시점에서 모든 것을 생각해자.

03 잊히지 않도록, 지속적으로 콘택트
관계성을 구축하기 위해 중요한 시점, 하나

나는 '관계성 구축을 위해 명심해야 할 다섯 가지 시점'이라는 내용을 오래 전부터 사람들에게 강조해왔다.

• •

1. 잊히지 않도록 지속적으로 콘택트

2. 좋은 고객을 스스로 선택한다

3. 판매 홍보가 아닌 재미를 발신

4. '나'를 드러내라

5. 고객을 엮어서 즐기자

내가 처음 이 다섯 가지 시점을 말하기 시작할 때는 아직 SNS가 활성화되지 않은 시기였다. 따라서 아날로그적인 미디어에 초점을 맞추었다. 뉴스레터나 청구서, 소책자, 편지, 경우에 따라 전화 등등.

그러나 이제는 달라졌다. 페이스북과 트위터, 인스타그램 등 SNS가 등장해 순식간에 오래된 매체들을 대체했다. 덕분에 이전에 비해 압도적으로 간단하고 저렴한 비용으로 '관계성'을 구축할 수 있게 되었다.

자, 이제 SNS 시대에 맞추어 SNS를 활용해 관계성을 구축하기 위한 시점을 소개한다. 그 중 제일 중요한 시점이 '잊히지 않도록 지속적으로 콘택트'하는 것이다.

잊히는 것이야말로 가장 큰 리스크

인간은 '망각의 동물'이다. 재구매repeater율이 낮은 가게들을 찬찬히 살펴보면, 가장 큰 원인은 낮은 고객만족도가 아니다. 그보다 큰 이유가 있으니, 바로 고객들로부터 잊혀버렸다는 점이다. 아무리 고객만족도를 높여도, 잊혀버리면 선택받을 수 없다.

따라서 손님의 재구매율을 높이고 싶다면, 그들로부터 잊히지 않을 방도를 찾아야 한다. 가장 손쉬운 방법은 SNS를 활용해 정보를 발신함으로써 잊히는 불상사를 방지하는 것이다. 꼭 SNS가 아니더라도 뉴스레터나 편지 등 종이매체를 활용할 수도 있다. 가령 뉴스레터를 정기적으로 발송할 경우, 고객의 재구매는 확실히 증가한다.

그러나 종이매체 뉴스레터는 우편요금이나 인쇄비가 든다. 이와 달리 SNS는 정보를 보내는 데 비용이 거의 들지 않는다. 비교할 수 없을 정도로 비용 차이가 난다. 같은 사람 1,000명에게 매일 뉴스레터를 보내는 것은 불가능하다. 그러나 매일 블로그나 페이스북에서 발신해 교류하는 것은 비교적 간단하다.

나의 페이스북 친구는 상한선인 5,000명에 달한다. 이와 별도로 팔로워가 1만 6,000명 이상이다. 이것만으로 2만 명 넘는 사람들과 연결되어 있는 셈이다. 트위터 팔로워는 1만 9,000명 정도. 인스타그램은 5,000명 가량이다. 도합 4만 5,000명 정도인데 단순히 계산해 이만큼의 사람들에게 매일 '정보'를 발신할 수 있다는 뜻이기도 하다. 이를 전화로 대체할 수 있을까? 불가능하다. 매일 1,000명의 고객들에게 엽서를 보내는 일도 불가능하다.

나는 페이스북에서 매일 3~4회, 심사숙고해 작성한 정보를 발신한다. 트위터에서는 하루에 15~20회, 나름의 고민을 거쳐 트윗을 한다. 매일 수차례, 4만 명 넘는 사람이 내가 발신하는 정보를 접촉한다는 의미다. 물론 모든 팔로워가 정보를 정확히 캐치하지는 못할 것이다. 그럼에도 중요한 점이 있다. 이 팔로워들은 내가 발신한 정보를 보고 싶어하는 '의지'를 가지고 있다는 사실이다. 그들은 어딘가에서 돈을 받고 파는 고객명단을 사서 등록한 리스트가 아니다. 내 책을 사서 읽거나, 블로그를 읽거나, 강연을 듣거나, 친구의 추천을 받는 식으로 나를 찾아온 사람들이 절대다수다.

매일, 수만 명에게 편지를 쓸 수 있는 시대

이 말이 무슨 뜻이냐며 고개를 갸웃거릴 사람이 있을지 모른다. 예를 들어 당신의 페이스북 친구가 1,000명이라고 치자. 이 사람들에게 매일 정보를 발신하면 매일 1,000명의 친구가 당신의 정보를 본다. 실로 엄청난 일이다. 그런 상황은 어떤 의미에서 그 사람의 인생에 당신이 항상 존재한다는 것을 의미한다. 매일 당신의 정보를 접하고 있다는 것. 달리 말해 당신이 잊히지 않는 사람, 가게, 회사가 되는 것이다.

페이스북과 블로그를 하고 있지만, 발신 노력이 부족한 회사가 의외로 많다. 좀 더 적극적으로 발신하는 것이 중요하다. 가능하다면 매일 무언가를 발신하라.

SNS를 하지 않는 것은, 고객에게서 잊힌다는 의미다. 점점 고객 유출을 촉진하면서도, 이 사실을 눈치채지 못하는 상황을 자초하는 꼴이다. 팔려고만 고민하지 말고 잊히지 않을 '관계성'을 만들어내라.

그러기 위해서는 발신의 빈도가 무엇보다 중요하다. 보다 많은 사람에게 매일 '손편지'와 '전화'를 하고 있는 것과 같은 상황을 만들어내라.

좋은 고객을 스스로 선택한다
관계성을 구축하기 위해 중요한 시점, 둘

SNS를 활용할 때 우리는 연결되는 사람을 스스로 선택할 수 있다. 즉 좋은 사람들과 연결될 수 있다는 의미다. 좋은 사람이 누구냐고? 바로 당신을 좋아하고, 호감을 보이는 사람이다. SNS가 지닌 장점을 반대로 표현하자면, 당신을 좋아하지 않는 사람과 교류하지 않을 수 있다는 것이다.

• •

먼저 SNS로 연결되어

거기서 교감하거나 호의를 품게 되면,

상품이 팔리기 시작한다.

이렇듯 기존 소비와는 반대 패턴으로 이루어지는 것이 '연결 경제'의 특징이다. 풀어서 설명하면, '고객'이 아니라 사주는 모든 이들이 나의 '친구'이다. 이것이 가능하다면 정말 멋진 일이 아닌가?

모든 고객이 나의 친구가 된다!

세상에 고객과 친구가 되라고? 절대 불가능하다. 현실적이지 않다고 도리질치는 사람은 SNS 시대에 사업자로 살아갈 수 없다. SNS를 활용하면 실제로 그것이 현실이 되기 때문이다.

고객은 당신의 정보 내용으로 결정된다

고객의 질은 당신이 발신하는 정보로 결정된다. 가령 '다른 회사들보다 1원이라도 싸게 팔겠습니다!'라는 정보를 내보내면, 1원이라도 싸게 사고 싶은 사람만 모인다. 당연한 일 아닌가? 좋은 것이든, 나쁜 것이든, 당신의 정보 내용으로 고객의 질이 결정된다.

그러므로 메시지를 보내기 전에 신중하게 생각할 필요가 있다. 나는 어떤 사람들과 교류하고 싶은지, 어떤 사람들과는 연결되고 싶지 않은지 명확한 기준을 세워 선을 그어라. 그런 연후에 원하는 사람에게 공감을 얻을 수 있도록, 그들이 당신을 좋아할 수 있도록, 정제된 정보를 올리는 게 무엇보다 중요하다.

· ·

세상의 모든 사람들이

당신의 고객이 되는 것은 아니다.

명확한 의도를 가지고 착실하게 노력하다 보면, 당신에게 공감하거나 당신을 좋아하는 사람들은 반드시 늘어난다. '손님'이 아닌 '친구'로서 말이다. 그들 중 사업의 고객이 될 사람도 나타나는 것이다. 게다가 매일같이 발신을 하다 보면, 당신에 대한 신뢰가 생겨난다. 사람은 잘 모르는 사람을 쉽사리 믿지 않는다. 정보량이 적은 사람을 신뢰하지 않는다는 의미다.

그렇게 지속적으로 쌓인 신뢰 속에서는 당신의 상품과 서비스를 소개하는 일이 이전과 비교할 수 없을 정도로 수월해진다. 간단하게 소개하는 것만으로 많은 이들이 상품을 선명하게 이해하고, 갖고 싶어한다. SNS를 통해 좋은 고객을 선택하는 것이야말로 '관계성'을 구축하는 최고의 방법이며, 고객의 질을 선택하는 건 당신의 발신 내용이라는 사실을 명심하기 바란다.

판매 홍보가 아닌 재미를 발신
관계성을 구축하기 위해 중요한 시점, 셋

소셜네트워크는 말하자면 '사회와의 연결'이다. 특별히 새로운 개념은 아니다. 알고 보면 태곳적부터 우리 인간이 만들어왔던 교류방식이다. 가족과 친구, 지인과 '연결'. 그것이 SNS가 보급되면서 보다 쉽게 가능해진 것뿐이다. 나아가 그 연결이 다른 사람들로 하여금 보기 편하고 폭넓게 진화한 것이랄까. SNS가 등장한 이후 인터넷 세계는 사람이 중심인 실제 사회와 점점 더 유사해지고 있다. 그런 맥락에서 SNS 상의 개인행동들은 현실사회의 행동들과 동등하게 평가받고 판단되기 시작했다.

가령 페이스북이나 트위터에서 '우리 상품은 이러저러하게 훌륭합니다. 특히 이 부분을 고려하여 만들었으며, 이 점이 다른 제품들과 다릅니다'라는 식으로 팔고자 하는 목적에만 집중하면, 사람들은 거부감을 느끼거나 즉각 경계한다. 현실 사회에서도 마찬가지다. 자신의 자랑만 늘어놓는 사람들이 있다. 이렇듯 '나라는 인간의 정보'를 늘어놓는 이들에 대한 주변의 평가는 대체로 낮다.

그런가 하면 이와 정반대인 사람들도 있다. 항상 재미난 이야기를 하는 사람, 남들은 몰랐던 정보를 알려주는 사람, 당신이 좋아하는 화제를 찾아 즐겁게 공유할 수 있는 사람, 또는 당신의 이야기를 재미있게 들어주는 사람. 그런 사람과는 시간을 공유할수록 즐겁다. 그것이 바로 '공감'이다.

기업의 페이스북 페이지가 인기 없는 이유

SNS 발신에서 유념해야 할 것이 있다. 팔려고 하는 상품의 정보만 발신해서는 안 된다는 점이다. 아무리 좋은 상품이라도, 설령 그것이 세계를 바꿀 만큼 신박한 상품일지라도 그 상품의 정보만을 발신하고 있다면, 누구의 관심도 얻지 못한다. 주야장천 자사 상품 소개와 캠페인만 하는 SNS는 그 누구도 봐주지 않는다.

예를 들어 당신이 친구들과 분위기 좋은 술집에서 모임을 한다고 가정해보자. 즐겁게 떠들며 이야기하고 있는데, 친구의 지인이라는 검정색 수트 차림 남성이 나타나 명함을 돌리며 자신의 상품을 열렬하게 선전한다면 기분이 어떻겠는가?

"우리 생보사는 다른 회사에는 없는 파격적인 조건으로…."
"우리 인쇄회사는 판촉물 어드바이스를 하고 있어요. 무료로 판촉물 세미나를 개최하니까, 꼭 한 번 들러주십시오."

"중고 골프클럽을 매입하고 있습니다. 혹시 사용하지 않는 클럽이 있다면 저에게 연락을 주세요. 현재 캠페인 기간이라 통상 매입가격보다 20퍼센트 더 쳐드릴 수 있습니다."

친구들끼리 한창 흥겹게 어울리는 자리다. 그런 자리에 누군가가 불쑥 나타나 물건을 팔겠다고 덤비면 과연 누가 좋아할까?

관계성이 얕은 상태에서 SNS로 상품소개를 하는 것은 위와 같이 썰렁한 상황을 자초하는 꼴이다. 기업의 페이스북 페이지가 잘 안 보이는 것도 이런 이유 때문이다.

팔겠다는 욕심을 드러내지 말고 먼저 알찬 정보와 재미를 공유하는 것. 물건을 소개하기 전에 재미를 통해 관계성을 만들고 다지는 일은 그래서 필요하다.

06 '나'를 드러내라
관계성을 구축하기 위해 중요한 시점, 넷

SNS라는 미디어는 '속인성屬人性'이 높은 미디어이다. 속인성이란 '말을 한 사람에 따라 느낌이 달라지는 것'을 뜻한다.

'그 사람의 페이스북 내용은 언제나 재미있다.'

'그 사람의 글은 늘 무언가를 생각하게 해준다.'

'그 사람의 트위터를 보면 이상하게 용기가 생긴다.'

이처럼 SNS는 개인과 연결되는 속성이 강하다. 기업의 SNS 정보들이 눈에 쏙쏙 들어오지 않는 것도 이런 맥락이다. 누가 이야기를 하는지 알 수 없으니까 말이다.

그러므로 특히 페이스북에서는 기업 페이지든 개인 페이지든, 말하는 사람의 개성을 좀 더 적극적으로 드러낼 필요가 있다. 당신 스스로의 성품을 보여주고, 좋아하는 것과 취미생활까지 디테일한 삶을 생생하게 드러내라. 특히 경영자나 비즈니스 리더는 얼굴을 내놓고 발신하는 것이 매우 중요하다.

나를 드러내는, 세상 어디에도 없는 유일한 통로

SNS가 널리 보급된 현대 사회에서는 '어디에서 구입할까'보다 '누구에게서 살까'의 문제가 점차 부각되고 있다.

• •

경영자의 인품이

기업의 업적에 막대한 영향을 준다.

그럼으로 개인으로서 많은 사람들과 연결되어 신뢰를 얻는 것이 중요하다. 일에 관한 발신만 하는 것이 아니라, 개인적인 메시지도 함께 섞어가면서. 가령 당신이 일요일에 아내와 함께 미술관에 갔다면, 그 전람회의 소감을 공유하면 된다. 맛있는 음식을 먹었다면, 음식점과 요리를 함께 소개한다. 아이들과 놀았다거나, 어떤 책을 읽었다거나, 소소한 일상을 소개하는 것도 좋다. 그렇게 하면 메시지를 보는 이들도 '아, 이 사람은 아내와 미술관에 갈 만큼 예술을 좋아하는구나.' '업무와 상관없이 쉬는 날에는 소설책을 읽는구나.' 하고 고개를 끄덕이게 된다. 이를 테면 인간적인 모습으로 친밀감을 쌓아야 한다.

회사의 페이스북 페이지 내용도 개인을 내세워 올리는 것이 좋다. 누가 이 내용을 올리는지 알 수 있도록. 종종 담당 직원이나 스태프의 얼굴을 소개하는 것도 효과적이다. 또는 회사 근처에 있는 식당을 소개하는 것도 좋다. 기업 자체가 발신한다기보다, 그곳에서 일하고 있는 사람이 이야기한다는 인상을 주는 것이 필요하다.

업무 이야기만 늘어놓으면, 물건을 팔고자 올리는 내용들과 비슷해진다. 반면 '사람'을 드러내면, 공감을 얻기가 수월하다. 이는 페이스북뿐만 아니라 트위터나 인스타그램에서도 마찬가지이다. 물론 이렇게 하려면 손이 많이 가고, 나를 드러낸다는 게 용기가 필요할 수 있다. 그러나 '관계성'을 만들기 위해서는 필요불가결한 요인이다.

대체로 관계성이라는 것은, 회사와는 만들어지기 어렵다. 이에 반해 개인과 개인이 소통할 때는 훨씬 수월하다. 너무 걱정하지 마시라. 당신은 세상에 하나뿐인 존재이다. 그러므로 당신이라는 개체를 내세워 메시지를 보내면, 세상에서 유일한 발신이 된다. 그럴 때 비로소 당신이 권하는 상품도 '○○○가 추천하는 ○○'라는 독자적 가치를 부여받는다. 망설이지 말고 당신의 개성을 마음껏 드러내라.

07

고객을 엮어서 즐기자
관계성을 구축하기 위해 중요한 시점, 다섯

머지않아 AI(인공지능)나 로봇이 인간을 대신해 수많은 일을 처리하는 시대가 온다. 인간이 하지 않아도 되는 일이 점점 많아지는 시대. 과학기술의 진화라는 건 오래 전부터 그랬다. 세탁기가 보급되면서 손이 거칠어지도록 빨래판에 대고 빨래를 하는 풍경은 사라졌다. 전기밥솥이 개발되면서 아궁이에서 밥을 짓는 일은 없어졌다. 과학기술의 진보는 인간을 노동으로부터 해방시키는 쪽으로 진화를 거듭해왔다. 앞으로도 그런 식으로 인간이 하는 일은 점점 줄어들 것이다. 그런 시대는 어떤 상황을 낳는가? 노동으로부터 해방된 우리에게는 시간이 남아돈다. 여유가 생긴다는 말이다.

할 일이 없다, 하고 싶은 것이 없다, 하고 싶은 것이 무엇인지 모르겠다. 이런 현상도 확산될 게 뻔하다. 게다가 평균수명은 계속해서 늘고 있다. 통계청 생명표에 따르면, 현재 상태로 평균수명이 계속 늘어난다고 가정할 때 2017년에 출생한 아이들의 기대수명은 82.7세로 예상된다. 그야말로 시간이 남아도는 시대가 도래하는 셈이다. 상황이 이렇게 되면 충분한 시간을 활용해 몰두할 수 있는 것, 즐겁게 시간을 보내는 서비스가 더욱 더 필요해진다. 이벤트나 공부를 위한 모임, 커뮤니티 활동, 봉사활동 등은 앞으로 점점 더 인기를 끌 것이다.

나아가 이러한 시대야말로 관계성을 구축하기 위해서라도 '즐긴다'는 의식이 중요해진다. 내 삶을 즐기는 동시에 그 즐거움을 여러 사람들과 함께하겠다는 관점 말이다.

당신 주변에는 사람이 있는가?

이제 사람들은 무언가를 사고 싶다고 생각하지 않는다. 대신 무언가를 즐기고 싶어 한다. SNS 시대에서는 경제적 합리성으로는 설명하기 어려운 일들이 일어난다.

기존의 경제에서는 같은 품질의 비슷한 물건을 산다면, 좀 더 저렴한 쪽을 택했다. 그게 상식이었다. 또는 사람이 많은 곳, 입지가 좋은 곳이 번창한다는 견해가 일반적이었다. 그러나 지금은 한마디로 그렇다고 단정할 수가 없게 되었다.

품질이 좋으면서 저렴한 물건이 세상에 넘쳐나는데도, 고가의 '즐거운 것'이 팔리는 세상이다. 그런 소비가 보이지 않는 세상 곳곳에서 수없이 일어나고 있다.

경제적 합리성으로는 설명할 수 없는, SNS 세대의 소비.
숫자로 알 수 없고 지금까지의 상식으로도 풀리지 않는,
그런 소비가 SNS를 기반으로 증가하고 있다.

그러므로 고객을 엮어서 함께 즐기는 게 필요하다. 당신이나 당신 회사를 중심으로 하는 커뮤니티를 만들어 사람들이 그곳에 모이도록 유도하라. SNS 발신도 그렇지만, 현실 세계에서도 고객과 함께 즐기는 일은 매우 가치가 있다. 사람들은 즐거운 장소나 사람 주변으로 모여들게 마련이다. 이렇게 즐거운 만남을 통해 예상치 못했던 새로운 에너지와 아이디어가 생겨난다.

08

가치관의 공유가 불러오는 확장성

SNS를 제대로 활용하기 위해 세 가지 중요한 키워드가 있다.

• •

1. 가치관의 공유

2. 넓히기보다 깊이 있게

3. 토털미디어로 발신

1. 가치관의 공유

우리 모두 한 번쯤 경험했을 것이다. 지금까지 단순히 '아는 사람'이던 누군가가 나와 공유할 수 있는 정보를 발신하면서, 그것을 계기로 '친구'가 된다. 또는 '친구'가 '절친'으로 바뀌기도 한다. 발신하는 정보를 통해 모르던 사람들과 친구가 되는 것이다. 그렇게 계속 정보를 공유하다 보면, 어느 순간부터 당신 자신과 회사의 가치관까지 공유할 수 있다.

상품에 대해 소개할 때는 단순한 정보만 나열하는 대신 개인적인 느낌이나 가치관을 곁들이는 것도 좋다. 또한 일방적으로 발신하지 말고 커뮤니케이션을 하는 태도가 중요하다. 코멘트에 대응하거나, 리트윗을 하거나, 항상 교류하고 있다는 의식을 놓치지 않아야 한다. 그 결과들이 켜켜이 쌓이면서 커뮤니티가 형성된다.

2. 넓히기보다 깊이 있게

연결되는 것은 비교적 간단하다. 정작 중요한 것은 SNS의 관계성에 깊이를 더하는 일이다. SNS로 연결된 사람들과 두터운 친분을 쌓는 과정 말이다. 가령 실제 체험과 만남, 오프라인 이벤트는 당신이 생각하는 것보다 훨씬 커다란 힘을 발휘한다. 앞으로의 시대, 오프라인 만남의 힘은 점점 더 강해질 것이다. 디지털로는 절대로 흉내낼 수 없는 체험이기 때문이다.

SNS에서 고객과 친해진 뒤 현실에서 그들과 재미있는 이벤트를 꾸릴 수는 없을지 궁리해보라. 너무 어렵게 생각하지 않아도 된다. 단순히 맛있는 음식을 함께 먹거나 소규모 세미나, 스터디, 미니파티 등을 기획할 수도 있다. 디지털에서는 따라할 수 없는, 현실 세계만의 가치를 높일 수 있는 방법들을 동원해 관계의 깊이를 축적하는 것이다.

3. 토털미디어로 발신

페이스북과 트위터 같은 SNS뿐 아니라 웹 페이지, 종이매체, 번개 이벤트 등 다양한 경로를 통해 정보 발신을 이어가는 게 필요하다. 리얼이든 버추얼이든, 가능한 모든 도구를 활용한다. 전단지, 홈페이지, 블로그, 유튜브 등을 총동원해 유익한 정보를 공유하고 이벤트와 세미나를 개최해 완만하게 관계를 이어나간다. 간단히 말해 토털미디어로서 모두와 연결되기. 사람들이 당신의 회사에 대해, 가치관에 대해 공감할 수 있도록 세심하게 고려하며 정보를 발신하라. 이것을 '맥락context의 공유'라고 한다. 여기에 상품 구입 타이밍을 놓치지 않도록 '관계성'을 만들어두면, 기회는 당신 편이 된다는 시나리오이다.

이제는 '360도 발신의 시대'이다. 홈페이지든 종이매체든 또는 당신 자신의 삶 자체를 통신의 수단으로 삼아라. 당신이 입은 옷, 좋아하는 음식, 취미, 생각까지 발신하는 순간 가치가 생긴다.

기업은 마케팅 시나리오를 바꿀 필요가 있다. 이제 정보 자체를 유포하던 시대는 지나갔다. 소비자끼리 촘촘하게 연결된 세상에서 정보 교류가 이루어지고 구매가 결정된다는 사실을 직시할 필요가 있다. 즉 기업이 상품을 디자인하는 시대는 저물고 고객의 체험을 디자인하는 시대가 도래한 것이다.

09

입사하자마자 수백 명의 고객을 끌어들인 신입 미용사

얼마 전 재미있는 이야기를 들었다. 어느 대형 서비스기업 입사가 내정된 여학생의 이야기다.

그녀는 미스 00(이 00에는 어느 지방도시의 이름이 들어간다)에도 선발되었을 만큼 매력적인 외모의 소유자였다. 팬들도 꽤 있었던 모양이다. 트위터 팔로워도 2,000명 정도였다. 큰 회사 입사가 내정되었을 때, 인사담당자가 그녀에게 이런 말을 했다고 한다. "학생시절 사용하던 개인 SNS 계정을 전부 삭제해주십시오."

믿기 힘든 지시였지만, 그녀는 회사에 입사하기 위해 모든 계정을 삭제했다. 회사에서 왜 그런 지시를 했는지, 이유는 짐작된다. 위험하다, 회사 브랜드에 피해를 준다, 회사에서 컨트롤하기 어렵다 등등…. 그러나 학생에게 그런 지시를 했다는 사실이야말로, 그 회사가 세상 흐름과 사람들의 행동패턴 변화를 전혀 고려하지 못하고 있음을 스스로 증명한 셈이다. 시대 흐름을 이렇게 읽지 못하는 회사가, 다가오는 변화의 시대에 제대로 적응할 수 있을까?

이런 회사의 미래는 매우 걱정스럽다. 내가 만일 그 회사의 경영자였다면, 트위터 팔로워가 많은 학생을 우선적으로 채용했을 것이다. 물론 어떤 사람들과 연결되어 있는지를 먼저 확인하겠지만, 팔로워의 면면을 확인하는 것은 그 사람을 보증하는 신뢰의 증거이기 때문이다. 팔로우가 이루어졌다는 것은 '공감'했다는 의미다. 트위터를 하고 리트윗하는 것, 사람들과 교류하는 태도, SNS 상의 행동에 대한 공감의 결과가 팔로우이다. 그에게 공감하는 사람의 수는, 결국 그 사람의 가치라고도 할 수 있다.

단순하게 계산해서 그녀가 SNS를 삭제하지 않은 채 입사했다면 2,000명에게 회사 정보를 무료로 보낼 수 있었다. 또한 그녀는 SNS에 익숙한 사람이므로 회사에 여러 모로 플러스가 되는 존재다. 기업의 경우, 흔히 SNS 담당자를 정하는 일 자체에 곤란을 겪기 때문이다.

팔로워 숫자는 신뢰와 파워의 증거

같은 시기에 정반대 시점의 흥미로운 이야기도 들었다. 미용학교를 막 졸업한 학생을 채용한 미용실의 이야기이다. 이 미용실은 외부로 알리지는 않지만, 학생을 채용할 때 SNS 활용 여부를 매우 중시해왔다고 한다. 학교를 막 졸업한 미경험자들의 경우, 미용 기술로는 기본적으로 큰 차이가 없다. 한동안 수습과정을 거치며 배워야 할 신입들이 가진 자산은 단 하나, 그들을 지지하는 주변 사람들이다.

이번에 채용한 남성은 스무 살이었다. 그는 고등학생 때부터 SNS를 통해 '놀던' 부류였다. 그런 이유로 트위터 팔로워가 무려 6만 명에 달했다. 여기에 유튜브 채널 등록자는 3만 6,000명. 엄청난 숫자이다. 당연히 미용실에서는 이 청년을 신입으로 채용했다.

그후 어떤 일이 일어났을까? 그가 입사하자마자 미용실에는 800건 넘는 전화 문의가 날아들었다. 그뿐인가? 미용실은 예약 고객으로 발디딜 틈이 없는 상황에 이르렀다. 청년은 미용사로서는 사회에 첫발을 내디딘 초년생이었다. 하지만 이미 많은 사람들과 연결되어 친구를 확보한 상태였고, 그것이 엄청난 부가가치를 일으킨 것이다. SNS를 제대로 활용하는 사람을 채용할 경우, 영업장에서 곧바로 힘을 발휘하는 전력이 될 수 있음을 보여주는 좋은 사례다.

• •

고객 한 명 한 명과 연결된다.
그런 비즈니스모델을 먼저 구축한 회사가
이익을 전부 챙기는 시대다.

만약 당신의 회사가 아직 SNS를 경영에 도입하지 않고 있다면, 신중하게 재검토해야 할 시기이다. 일찌감치 SNS를 활용하고 있는 경쟁사들은 나름대로 노하우를 쌓아, 저만치 앞서 달리고 있으니 말이다.

그들은 이미 수많은 사람들과 직접 연결되어 당신이 알지 못하는 곳에서 이익을 올리고 있다. 모두가 하는 비즈니스에만 매달려서는, 점점 더 심한 가격경쟁에만 내몰리고 결국은 이익을 낼 수 없는 지경에 이르고 만다.

10 ⟩ 인생의 절반이 인터넷에서 이루어지는 시대

현재 우리의 인생은 절반 이상이 인터넷 안에 있는 건 아닌지 여겨질 때가 있다. 올해 대학생이 된 나의 조카는 열여덟 살. 이제 막 사회인이 된 지인의 아들은 스물두 살. 앞으로 그들이 살아갈 긴 인생의 절반 역시 인터넷 안에서 이루어질 것이다.

사생활도, 일도, 인터넷 세상에서 이루어지는 부분은 점점 더 많아질 터이다. 업무 연락이나 미팅은 SNS 기능과 라이브카메라를 겸하는 앱으로 이루어져서, 전화로 통화하는 일도 점점 줄어들 것으로 보인다. 뉴스를 보거나 업무에 필요한 정보를 수집하는 일도, 쇼핑을 하거나 음악과 영상을 즐기는 것도, 친구와 커뮤니케이션하는 통로도 인터넷을 기반으로 하는 빈도가 점점 높아진다.

나아가 이러한 흐름은 IoT(사물인터넷)와 AI(인공지능)의 보급으로 더욱 가속화돼, 절대다수의 현대인이 이를 받아들여야만 하는 상황이 시시각각 보편화되고 있다. 앞으로 비즈니스를 하는 사람이라면 마땅히 스마트폰(디바이스는 더욱 발전할 것이지만)을 능숙하게 사용해 SNS에서 커뮤니케이션을 할 줄 알아야만 한다. 게다가 그런 시대에는 리얼인지 버추얼인지 묻는 것 자체가 넌센스이다. 세상이 스마트폰을 통해 SNS로 이어지고 그곳에서 가치관과 사상을 공유하는 마당에 그런 질문이 가당키나 하겠는가?

비즈니스는 SNS 안에서만 이루어진다?

단언컨대, SNS로 커뮤니케이션을 할 수 없으면 성공적인 비즈니스를 기대할 수가 없다. 개인이 SNS 상에 존재하고 그들 간 연결이 점점 넓어져, 연결 자체가 그 사람의 '신뢰'가 되는 상황이다.

• •

얼마나 많은 사람들과 연결되어 있는지.

어떤 사람들과 연결되어 있는지.

SNS 상에서 어떤 평가를 받고 있는지.

바꿔 말하자면, SNS를 하지 않는 사람은 타인으로부터 신뢰받지 못한다는 의미에 다름 아니다. 이렇게 말하면 즉각 반발에 나서는 사람이 있을지 모른다. 그들의 항의가 귓전에 들리는 듯하다. "당신, 그런 식으로 단정하다가 페이스북이나 트위터가 쇠퇴하면 그땐 무슨 말을 할 건데?"

뭐, 괜찮다. 설령 페이스북과 트위터가 쇠퇴하더라도 또 다른 SNS 가 등장할 거니까. 이제 인류는 SNS로 연결되는 것을 거부할 수 없는 단계로 접어들었다. 어쩌면 언젠가 SNS 안에서만 비즈니스가 이루어 지는 날이 올지도 모른다. 그런 미래를 상상해본다.

11   "출구는 역시 SNS였어."

전국 체인 쇼핑몰 전문점 점장과 스태프를 대상으로 한 'SNS 활용' 워크숍이 최근 활발하게 이루어지고 있다. 여러 해 전부터 이러한 워크숍에 참가해온 사람 중 한 명의 사례를 소개하려 한다. 규슈에 있는 미국 캐주얼의류점 스태프이다. 점장도 아니고 경영자도 아닌, 일반 직원(여성) 말이다.

그녀는 장신의 모델 같은 외모를 가졌다. 게다가 자신이 일하는 곳의 상품을 정말 좋아한다. "그렇다면 본인이 입은 모습을 인스타그램에 올리면 되겠네요."라고 내가 제안했더니, 그녀가 곧바로 실행에 옮겼다. 그러자 인스타그램을 경유해 상품이 불티나게 팔리기 시작했다. 심지어 한 벌에 4만 엔 넘는 재킷까지, 그녀가 직접 입어 소개한 옷들은 예외 없이 인기를 끌었다.

이런 식으로 SNS를 계속하다 보니 그녀의 팬들도 점점 늘었다. 그리하여 인스타그램을 본 사람들이 멀리 지바현에서 규슈까지 그녀를 찾아와 직접 구입하는 사례까지 생겼다. 이런 호응에 힘입어 그녀는 SNS로 연결된 사람들만을 대상으로 시크릿 이벤트를 여는 등 적극적으로 움직여 실적을 높여나갔다.

좋은 고객은 연결되어 있는 사람

시크릿 이벤트란, 자신과 직접 연결되어 있는 고객에게만 알려주는 득템의 기회이자 즐거움, 비밀 공유인 셈이다. 종이매체 DM으로 33장을 보내고 라인과 페이스북, 인스타그램 등 SNS로 연결된 사람들 중 극소수를 엄선해 메시지를 발송했다. 초청 대상은 도합 60명.

10일 간의 이벤트 결과, 60명 중 18명이 방문해 상품을 구매했다. 이를 통한 매출은 44만 3,680엔. 이는 10일 간 매장 총매출의 26.5퍼센트에 달하는 수치였다. 18명 고객의 평균 구매단가는 약 2만 4,650엔이었다. 반면 가게 방문객의 평균 구매단가는 4,750엔. '연결 경제'의 파워가 얼마나 강한지 선명하게 보여주는 증거가 아닐 수 없다.

시크릿 이벤트 초대장을 받고 매장을 방문한 18명은 그녀가 평소 인스타그램과 페이스북, 블로그로 소통하던 사람들이었다. 그들이 단지 세일을 한다는 문구에만 이끌렸을까? 그보다는 SNS로 긴밀하게 연결돼 있던 누군가에게서 날아온 '시크릿 이벤트' 초대장이 호감과 호기심을 불러일으킨 측면이 컸다. 그러다보니 자연스레 소비 금액도 올라가고, SNS로만 알던 서로를 직접 대면한 덕에 관계성까지 깊어졌다. 아마도 그들 18명은 두고두고 그녀에게 단단한 팬과 지지자가 되어줄 가능성이 높다.

• •

연결된 관계 속에서 소비가 일어난다.
알지도 못하는 가게나 본 적 없는 사람에게서
물건을 살 가능성은 점점 더 낮아진다.

매장을 갖추고 상품을 진열해두기만 하면 팔리던 시대는 이제 지나갔다. 가게마다 물건이 넘쳐나고 아마존으로 대표되는 인터넷 쇼핑몰이 주류로 자리잡은 지 오래다. 게다가 페이스북과 트위터 등 SNS가 보급되면서 사업 환경은 극적으로 변모했다.

이제 소비 채널은 무궁무진해졌다. 그런 소비자들을 상대로 물건을 팔겠다고 나서는 사람들이라면 SNS 기반 연결 경제의 파워를 제대로 알고 준비하는 것이 필수과제다.

총정리

- 번성의 열쇠는 '완만한 관계성'

- SNS로 매일 수만 명에게 편지를 쓴다

- 고객의 질을 결정하는 것은 바로 나 자신

- 토털미디어로 발신하는 게 관건

- SNS에서의 연결은 신뢰의 증거

3장

'개성'이
곧 상품 가치다

오래 전 스파게티는 두 종류밖에 없었다.

나폴리탄과 미트소스.

그 시대 아이였던 나에게 미트소스를 먹는다는 건 최고의 행복이었다.

당시 미트소스는 정말 인기가 높았다.

그러므로 미트소스는 '선택받기 쉬운' 것이었다.

그러나 지금 미트소스의 처지를 생각해보라.

인기없는 아웃사이더가 되고 말았다.

01 — 고객의 취향은 점점 다양해지고…,

앞서 누차 설명했듯이 우리를 둘러싼 정보량은 지속적으로 증가하고 있다. 인터넷을 중심으로 주고받는 정보량은 방대함 그 이상이다. 마찬가지로 상품의 종류도 다종다양해지고 있다.

당신이 디지털카메라를 산다고 가정해보라. 무엇을 사야 좋을지 모를 정도로 종류가 많다. 콤팩트한 디자인, DSLR, 화소수, 조작성, 동영상 가능 여부, 방수 여부…, 여기에다 차별화된 기능성과 가격대 등 헤아릴 수 없을 정도로 다양한 장점을 내세운 상품들이 판매되고 있다. 더욱이 최신 스마트폰 중에는 디지털카메라와 같은 기능이거나 그 이상을 갖춘 것들도 많다. 디지털카메라를 사는 것이 아니라 스마트폰으로 대신하는 선택지까지 있는 셈이다.

이는 비단 디지털카메라만의 이야기가 아니다. 어떤 상품이든 비슷한 처지다. 즉, 당신이 팔고 있는 상품도 마찬가지라는 얘기다. 정말이지 선택받기 어려운 시대다.

그러니 예전에 하던 방식대로만 사업을 할 경우 매출이 떨어지는 건 당연하다. 고객 숫자가 감소하는 것도 전혀 이상할 게 없다.

한때 최고의 인기를 누렸던 스파게티 미트소스. 그러나 지금은…,

오래 전 일본에 스파게티는 두 종류밖에 없었다. '나폴리탄'과 '미트소스'. 내가 아이였던 1960년대에 어머니가 만들어주는 스파게티는 양파와 비엔나소시지를 넣고 토마토케첩으로 색을 낸 '나폴리탄'이었다. 그러므로 내가 아는 스파게티란 곧 '나폴리탄'이었다. 그리고 다른 하나인 미트소스는 한 달에 한 번, 나의 고향 홋카이도의 백화점 내 식당에서만 먹을 수 있는 귀중한 존재였다.

나폴리탄과 미트소스밖에 없던 시대. 아이였던 나에게 백화점에 가서 미트소스를 먹는 날은 그야말로 손꼽아 기다리는 축제날과 같았다. 아이인 내가 누릴 수 있는 최고의 사치였던 셈이다. 당시 미트소스는 만인의 인기스타였다. 한마디로 '선택받기 쉬운 존재'였다.

그러나 요즘 미트소스는 어떤가? 레스토랑의 메뉴 하단에 간신히 이름을 올리고 있는 처지다. 이유는 단순하다. 미트소스 말고도 많은 종류의 맛있는 스파게티가 있으니까. 페페론치노, 카르보나라, 봉골레, 비앙코, 페스카토레, 수프스파게티 등등. 우리가 아는 스파게티만도 수십 개에 이른다. 그러니 미트소스를 우선적으로 선택할 이유가 무엇이란 말인가?

덧붙여 이탈리안 요리라는 카테고리로 넓혀보자면, 피자를 비롯해 매력적인 경쟁자들이 즐비하다. 그 외에도 양식, 일식, 중식, 아시안 요리, 카레와 라면, 우동 등 만만치 않은 경쟁자들은 지금 이 순간에도 속속 생겨나고 있다. 미트소스의 입지가 한없이 쪼그라드는 건 당연한 이치다.

지금이 바로 그런 시대다. 반복해서 강조하지만 당신의 상품도 똑같은 상황에 놓여 있다. 정보량이 방대해지면서 상품이 넘쳐나고, 선택지는 무한대로 증가한다. 그러한 환경에서 고객으로부터 선택받기 위해서는 선택받을 만한 이유가 필요하다. 선택받을 '가치'를 만들어야만 하는 것이다.

당신의 상품과 서비스가 선택받을 수 있는 이유는 무엇인가? 이 질문을 숙고해보라. 숙고한 이후에도 선택받을 이유를 찾을 수 없거나 애매모호하다면, 지금 바로 당신만의 개성을 만드는 데 총력을 기울여라.

02 ◁ 평범+개성=브랜드 파워

미트소스가 선택받기 힘든 환경 속에서도 엄청나게 팔리는 상품이 있다. 스파게티 미트카츠, 통칭 '스파카츠'가 바로 그것이다. 홋카이도 구시로시에 있는 '레스토랑 이즈미야'의 명물 요리이다. 구시로 시민이라면 거의 모두 한 번은 먹어봤을 정도로 상징적인 메뉴이기도 하다. 이 요리는 뜨거운 철판에 놓여 지글지글 끓고 있는 상태에서 서빙이 된다. 스파게티 위에 돈카츠가 올려지고, 그 위에 미트소스가 뿌려진 음식. 구시로 시민 17만 명의 소울푸드라고 해도 과언이 아닌 이 스파카츠는 엄청나게 팔려나간다. 최근에는 도쿄에서도 스파카츠 붐이 일어 전국구로 팔려나가고 있다.

일반적인 스파게티 미트소스였다면 이런 일은 일어나지 않았을 것이다. '돈카츠'라는, 여태껏 스파게티와 함께 먹는다는 생각조차 못한 식재를 조합함으로써, 상품에 개성이 덧입혀져 새로운 '가치'가 만들어진 덕이다. 만일 레스토랑 이즈미야가 자신만의 '개성'을 만들어내지 않았다면, 다른 미트소스처럼 자칫 선택받지 못하는 신세로 전락했을 것이다.

'개성'을 드러냄으로써 선택받는다

"말이 쉽지, 개성이 하루아침에 뚝딱 만들어지는 것이 아니잖아."

"상품 자체가 평범한 일상용품인데, 무슨 개성을 드러내라고?"

이런 목소리가 들리는 듯하다. 이해한다.

개성을 간단하게 부여하는 방법, 그것도 다른 곳에서는 절대 흉내낼 수 없는 개성을 부각시키는 방법이 하나 있다. 바로 당신 자신의 '개성 브랜드'를 투사하는 것이다. 당신을 빛나게 내세우는 것만이 유일한 해결책이라는 의미다.

· ·

당신은 세상에 하나밖에 없는,

누구도 흉내낼 수 없는 존재이다.

당신 자신을 상품과 회사에 투사함으로써,

흉내낼 수 없는 개성이 되어라.

'완만한 관계성'이 중요하다는 것을 앞서 설명했다. 더불어 관계성을 만들기 위해서는 당신 자신을 전면에 내세우는 편이 좋다는 점을 강조했다.

회사나 가게와는 관계성을 만들기 어렵다. 관계성은 개인 차원에서만 가능하기 때문이다. 개인을 내세워야만 고객과의 관계성이 깊어진다. 개인의 브랜드 파워를 높여야 개성이 살아나고, 궁극적으로 선택받을 수 있게 된다. 개인 브랜드 파워를 높이라니. "그건 무리지!" 단정하는 사람도 적잖을 것이다. 그러나 차분히 이 책을 읽다 보면 의외로 간단한 일임을 깨닫게 될 것이다. 이번 장에서는 개인 브랜드를 확립해 성공한 사례를 소개한다.

자, 겁먹지 말고 들어보시길. 누구나 쉽게 할 수 있는 방법이니까.

03 야마모토 씨, '대하드라마 회계사'로 날개를 달다

자격증을 취득한 뒤 독립해 간판을 걸고 기다리면 고객이 찾아와 주는 시대, 그렇게 평생 먹고 살 수 있는 시대. 몇 번을 강조하지만, 좋았던 그 시절은 다시 오지 않는다. 우리가 흔히 돈 잘 버는 전문직이라고 여기는 회계사, 법무사, 치과의사, 건축설계사, 그리고 변호사들까지, 더 이상 자격증만으로 살아갈 수 없는 환경이다.

오사카에서 회계사를 하는 야마모토 씨. 그가 우리 아카데미를 찾아왔을 무렵에는 정말 대책이 없는 상태였다. 회계사 자격을 취득하기는 했지만 고객 제로, 영업력 제로, 마케팅도 배운 적 없는 데다 어떻게 하면 고객을 모으는지조차 모르고 있었다. 그러던 그가 지금은 서비스를 싸게 제공하지 않는데도 많은 고객과 일을 하고 있다.

현재 일본에서 회계사 업무의 자문료는 심각한 디플레이션 상태에 빠져 있다. 월 3만 엔이면 좋은 편이고 5,000엔, 3,000엔까지 내려가 있다. 이런 업계에서 그는 현재 톱클래스 자문료로 계약을 진행한다.

물론 업무 내용에 따라 액수가 달라지지만, 대략 월 8만~15만 엔 정도가 책정된다.

어떻게 변신이 가능했을까? 자기 스스로 '브랜드'가 되었기 때문이다. 브랜드 파워를 높이는 것은 회사든, 개인으로 일을 하는 사람에게든 매우 중요하다.

· ·

"당신이기 때문에 부탁한다."

"당신 회사밖에 없다."

브랜드란 그런 것이다.

어느새 NHK에서 연락이 올 정도가 되었다

야마모토 씨가 성공에 이르기까지 흥미로운 요인 하나가 있었다. 자신이 좋아하는 NHK의 대하드라마를 일에 적용한 게 그의 이름을 알리는 계기로 작용했다. 대하드라마를 통해 쉽게 경영을 설명해주면서 '대하드라마 회계사'라는 브랜드가 만들어진 것이다. '대하드라마로 알려주는 사업 승계' '대하드라마로 알게 되는 경영 혁신' '대하드라마로 배우는 마케팅'…. 야마모토 씨는 현재 대하드라마를 통한 경영 노하우로 세미나를 개최하거나 자문을 하고 있다.

막막한 상태로 우리 아카데미를 찾아왔던 야마모토 씨는 '개인'을 내세우고 취미를 발신하는 일의 중요성을 곧바로 터득했다. '내 취미는 뭐더라?' 곰곰이 생각하던 그는 다섯 살 때부터 자신이 대하드라마를 보아왔다는 사실을 새삼 떠올렸다.

대하드라마를 좋아하고, 역사를 좋아하고, 전국시대 무사들 이야기를 좋아하는 경영자는 정말 많다. 따라서 그는 세미나를 통해 오다 노부나가가 어떻게 해서 적은 수로 상대를 이길 수 있었는지를 설명한 뒤 이를 비즈니스에 대입해 다시 해설해주는 식으로 조언을 하기 시작했다. 이런 식으로 설명하자 많은 사람들이 흥미를 느꼈고, 그는 복잡한 회계를 쉽고 재미있게 풀어주는 회계사로 점차 알려졌다. 그가 SNS를 활용해 대하드라마를 이용한 정보를 지속적으로 공유해 나가면서 자문을 원하는 회사들이 하나 둘 늘어나 금세 40개 사를 넘어섰다. 그는 회계업무 외에도, 매출을 올리는 노하우와 재구매 고객을 만드는 노하우를 터득하고 있었다. 그 노하우를 '대하드라마'라는 자신의 취미와 결합시켜 사람들에게 발신함으로써 스스로 유일한 존재로서의 브랜드를 구축한 것이다.

SNS의 위력을 실감한 그는 대하드라마와 비즈니스 관련 글을 블로그에도 게재하기 시작했다. 그러던 어느 날, NHK에서 방송 출연 제의가 들어왔다. 대하드라마 마니아는 많지만 대하드라마로 중소기업을 응원해줄 수 있는 사람은 많지 않을 테니, 방송사로서도 그가 지닌 가치를 알아봤을 것이다. 그리하여 야마모토 씨는 NHK에까지 진출한 '대하드라마 회계사'로 거듭났다.

일에 자신이 좋아하는 무언가를 덧입혀 발신하는 것. 야마모토 씨는 이 작업을 시작하고 나서부터 일이 즐거워진 것이 무엇보다 소중한 성과라고 말한다.

• •

좋아하는 것과 취미를 일에 접목하면 개성이 생기고,

남과 다른 부가가치가 생긴다.

바로 그것이 당신의 독자적인 '개인 브랜드'이다.

당신에게도 좋아하는 무언가가 있을 것이다. 이를 당신의 비즈니스에 접목시킬 방법이 있을지 생각해보라. 독자적인 성공 열쇠는 그 안에 숨겨져 있다.

04 ⟨ "내가 곧 상품입니다!"

효고현 아이오이시에서 피부미용실 '라 주네스 야마테 클럽'을 경영하는 야마시타 씨. 피부 관리와 관련해 업계에서 각종 상을 수상했을 정도로 유명한 관리사이다. 그녀의 관리 아래 피부 트러블에서 해방되고 인생이 달라진 사람들은 셀 수 없이 많다.

그녀의 매장에는 직원이 없다. 그녀 혼자서 모든 걸 다 한다. 실적을 인정받게 될 즈음, "선생님, 아직도 혼자 하세요?"라고 묻는 사람이 많았다고 한다. 마치 혼자 하는 곳은 성공할 수 없다는 뉘앙스로 말이다. 그 배경에는 많은 피부 관리실이 스태프와 점포 수를 늘려 매출 향상을 제1목표로 삼는 업계 상황이 깔려 있었다.

야마시타 씨는 '나를 진심으로 믿어주는 고객을 소중히 여기며, 육아와 일을 양립시키겠다'는 목표를 품고 있었다. 그러나 업계 정보교류 모임에 나가면 주변 파워에 압도돼 혼란에 빠지기 일쑤였다. 그 무렵 나의 블로그를 만나게 되었다고 한다.

• •

원가, 인건비, 매출, 객단가,

전년 대비 이익만 생각하는 유명 셰프의 가게와

요리하는 것을 좋아하고,

고객에게 맛있는 음식을 제공하는 기쁨으로

요리하는 셰프의 가게.

당신은 어느 레스토랑에서 식사하고 싶은가?

'나는 무조건 후자의 레스토랑에 가고 싶다. 벌이도 중요하지만, 그걸 최우선 목표로 삼는 것은 문제가 있다. 아무리 생각해도 나는 고객을 소중하게 여기는 나만의 길을 가야겠다.'

야마시타 씨는 그렇게 생각했다. 그리고 고객이 기뻐할 수 있도록, 교류 방법부터 바꾸기 시작했다.

미용업계에서는 '이제 오실 때 되지 않았습니까?'라는 의미의 DM을 발송하는 곳이 대부분이다. 그런데 받는 이의 입장에서 생각해보니 홍보용 DM을 계속 발신하는 건 전혀 현명하지 않은 태도였다. 야마시타 씨는 자신의 매장을 찾은 고객이 좋아할 내용이 무엇일지를 고민하며 블로그에 글을 쓰기 시작했다. 고객은 어떤 블로그를 좋아해줄까? 이것을 의식하고 글을 쓰기 시작하자 블로그 내용은 이전과 확연히 달라졌다. 그의 블로그는 점차 '가족, 인간관계' '일과 가정의 양립' '외모' 등 여성들의 최대 관심사 세 가지로 채워졌다.

그렇게 블로그를 만들어가자 동종업계 여성들, 특히 매출과 이익률의 세계에 치여 힘들어하던 사장들이 야마시타 씨의 생각에 동조하기 시작했다. 그녀가 살아가는 방식이나 경영 비법을 배우고 싶어하는 사람들이 모여들었고, 결국 야마시타 씨는 '백합숙'이라는 아카데미까지 열게 되었다.

피부 트러블은 대부분의 경우, 마음에 원인이 있다. 그러므로 매출이나 이익률이 아니라 어떻게 하면 고객의 스트레스를 해소해줄 것인가, 어떻게 해야 고객이 편안하고 행복해질 수 있을까를 생각하자며 야마시타 씨는 동종업계 사람들을 격려했다. 더불어 삶을 대하는 자세가 아름답지 못하면 선택받을 수 없다는 것도 가르친다. 현재 야마시타 씨의 아카데미는 미용업계에 혁명을 일으키고 있다.

어머니의 마음을 가슴에 새기며 일한다

야마시타 씨의 어머니는 38세에 돌아가셨다. 유방암이었다고 한다. 어머니를 여의었을 당시, 그녀는 초등학교 6학년이었다. 엄마는 여성으로서 유방을 제거하는 걸 끝내 거부했고, 그로 인해 돌아가시게 되었다고 한다. "여성은 언제까지나 아름답고 싶어하지요. 어머니의 마음을 가슴에 새기면서 지금 이 일을 하고 있어요." 야마시타 씨는 이렇게 이야기한다.

'몇 살이 되든, 세상의 여성들이 아름답고 보람 있다고 느끼는 인생을 살게 해주고 싶다.' 그런 진심이 담겨 있기 때문에 야마시타 씨의 이야기는 많은 여성들로부터 공감과 지지를 얻었다. 지금도 변함없이 그녀는 가게에서 혼자 일을 하지만, 홋카이도와 오키나와에서도 팬들이 찾아오는 것은 다 그런 이유 때문이다.

"내가 곧 상품입니다." 야마시타 씨가 가슴을 활짝 펴고 말하는 모습은 정말로 아름다웠다.

● ●

당신은 어떤 마음으로 지금의 일을 하고 있는가?

당신은 일을 통해 세상에 어떤 것을 제공하는가?

당신에게 일이란 어떤 의미가 있는가?

그리고, 당신은 어떤 사람인가?

각자 품은 마음과 이상이 당신의 가치가 된다.

나아가 자신의 인생 철학을 적극적으로 드러내는 것이 비즈니스에서든 인생에서든 행복해질 수 있는 비결이다.

05 ─ 오쿠노야 씨는 의류산업 사장일까? 정보산업 사장일까?

20세기의 비즈니스에서는 사람들을 'Mass(무리, 집단)'로 놓고 생각했다. 대량생산, 대량소비, 대량의 동일한 정보. '집단'이 세상의 주류였기 때문이다. 기업 활동도 'Mass'라는 콘셉트로 이루어졌다. 사람들을 거대한 '무리'로서 정의한 뒤 CF를 제작해 광고하고, 얼굴도 모르는 사람들에게 같은 상품을 팔았다.

하지만 그런 Mass는 실제 세상에 존재하지 않는다. 인간은 한 명한 명 각자 자신의 인생을 살아간다. SNS가 등장하고 보급되면서 Mass라는 허상이 설 자리는 더 이상 없다. SNS가 없애버린 것은 바로 Mass라는 개념이다.

얼마 전 우리 아카데미 학생이자 의류회사 사장인 오쿠노야 씨가 제작한 티셔츠가 이상할 만큼 불티나게 팔리는 것을 보며 이런 사실을 절감했다.

낙서 같은 상품 스케치로 1억 원의 매출을…,

'반바지 사장'으로 잘 알려진 오쿠노야 씨의 개인 이름이 들어간 패션 브랜드 'Keisuke okunoya'가 큰 인기를 얻고 있다. 신제품 발표 통로는 오직 SNS. 주문도 SNS에서만 받는다. 게다가 먼저 주문을 받은 뒤 제작하는 브랜드이다. 지금까지 발표한 상품은 버튼다운 셔츠와 폴로 셔츠, 반바지와 티셔츠, 머플러와 앞치마 등이다.

페이스북 1회, 인스타그램 1회, 트위터 1회 발신으로 늘 1,000만 엔 전후의 매출을 올린다. 재고 리스크는 최소한, 판촉비는 제로. 인터넷 쇼핑몰조차 없이 한정 판매하는 묘한 브랜드이다.

자, 다음의 일러스트를 보라. 우리 아카데미 수업 중 오쿠노야 씨가 화이트보드에 슥삭슥삭 그린 낙서 같은 스케치다. 언뜻 티셔츠처럼 보이는가 하면, 주머니처럼도 보이기도 한다. 'Keisuke okunoya 제 18탄? 20,000엔.' 그가 이것을 페이스북에 올렸다.

바로 이 제품이 이틀 동안 무려 460세트나 팔렸다. 금액으로는 920만 엔(9,200만 원). 샘플도 없고, 전시회도 없고, 소재도 모르고, 디자인도 상세히 알 수 없는, 정보라고는 오직 스케치뿐인 상태에서 말이다.

제품이 도착한 뒤에 알게 되었지만, 소재와 디자인이 각기 다른 티셔츠가 세 장씩 패키지로 구성돼 있었다. 그 외에 기념품으로 'YES CURRY RICE'라는 글자가 들어간 테이블 매트 두 장. 티셔츠는 약봉

낙서 같은 상품설명으로 1억 원 매출을 올리다

낙서 같은 상품 소개를 페이스북에 업로드.
그 결과, 이틀 동안 920만 엔 매출.
모두가 사려고 했던 것은 '티셔츠'라는 상품이 아니다….

지 같은 느낌의 두꺼운 종이봉투에 세 장이 함께 들어 있었는데, 마치 티셔츠 처방전 같은 이미지로 입는 방법을 안내한 세 장의 인쇄물이 곁들여졌다. 한 패키지에 2만 엔. 심플한 디자인이지만 디테일에 신경을 쓴 세련된 제품이었다. 소재도 좋은 것을 사용하고 있었다. 나도 샀는데, 정말 마음에 들었다.

페이스북에 올라온 그림을 보며 티셔츠라고 생각하지 않은 사람도 있었다. 어떤 사람은 '꽤나 비싼 녹차군요. 그러나 사겠습니다.'라는 댓글을 달았다. 티백이라고 착각한 것이다. 또 다른 사람은 오쿠노야 씨의 티셔츠 그림을 도쿠리(술병)라고 생각했다. '오쿠노야 씨가 드디어 사케를 팔 생각인가 보다.'

이런 사례가 말해주는 건 분명하다. 사람들은 더 이상 물질로서 '상품'을 사는 것이 아니다. 좀 더 거칠게 표현하자면, 의류회사 사장인 오쿠노야 씨가 파는 것은 의류상품이 아닐지라도 뭐든 산다는 것이다. 설령 그것이 식품일지라도.

아 참! 후지 TV에서 하는 '다이바이아'라는 방송에서 그가 기획한 상품 '반바지카레'가 개당 1,000엔이라는(좀 비쌈) 가격에도 단번에 약 4,000개가 팔려나갔다. 방송이 나가기 전에 2,000개가 이미 팔렸고, 방송 후 추가 판매를 해서 또 2,000개. 놀랍지 않은가?

이것이 앞으로 올 '연결 경제'의 본질적인 모습이다.

• •

어디서 사는가보다 누구에게 사는가.

무엇을 살까보다 누구에서 살까.

세상의 소비는 이런 방향으로 변하고 있다. 이 흐름을 타지 못한 제품은 선택받기 힘들뿐더러, 팔리더라도 이익은 매우 적을 것이다.

'Keisuke okunoya'는 정보산업이다

의류회사들 중 개인의 이름이 브랜드가 된 사례는 많다. 샤넬, 입생로랑, 휴고보스, 다케오키쿠치…. Keisuke okunoya도 개인 이름이 붙은 브랜드이다.

그러나 이 'Keisuke okunoya'가 혁명적인 점은, 그 개인이 디자이너가 아니라는 것이다. 지금까지 패션브랜드는 기본적으로 대표 디자이너가 있어서 그의 이름이 브랜드가 되었다. 크리스티안 디올도, 질 샌더도, 이세이 미야케도 마찬가지다. 디자이너의 독자적 디자인에 가치를 매겼다. 그 디자인을 좋아하거나 공감한 사람들이 고객이 되는 것이다. 다만 이런 방식은 상품이 있을 때의 이야기이다.

오쿠노야 씨는 디자이너가 아니다. 옷을 디자인하지 않는 사장이다. 이 점이 대단하다. 실체가 있는 '상품'이 아니라는 것이다.

결과적으로 실체가 있는 상품이 팔리는 셈이지만, 'Keisuke okunoya'를 구입하는 사람은 상품을 소유하고 싶어서 사는 게 아니다. 이 점을 이해하지 못하면 중요한 것을 놓치게 된다. 특히 당신이 의류업계 사람이라면, 여기서 깨우치는 게 없으면 위험하다.

오쿠노야 씨는 오랫동안 SNS를 발신하며 많은 사람과 연결되었고, 그 관계성을 매우 소중하게 여겼다. 오쿠노야 씨가 발신하는 것에 공감하거나 흥미를 보이거나 커뮤니케이션을 하는 사람들은 모두 즐거워한다. 그런 연결 관계 속에서 오쿠노야 씨 자체를 좋아하게 된 사람들이다. 그래서 그가 권하는 영화를 보거나, 그가 공유한 블로그를 읽거나, 그가 다니는 바와 카페와 카레집을 일부러 찾아간다. 그리고 그가 만드는 'Keisuke okunoya'티셔츠를 산다.

즉, 오쿠노야 씨의 비즈니스는 상품을 판다는 지금까지의 비즈니스 개념과는 전혀 다르다. 그는 물질로서의 상품을 파는 것이 아니다. 어쩌면 넓은 의미에서 '정보'를 팔고 있다고 생각해도 좋을 듯하다. 그러니까 'Keisuke okunoya'는 정보산업인 셈이다. 이는 지금까지의 의류 비즈니스에서는 상상조차 할 수 없었던 방식이다. 오쿠노야 씨 사례를 지켜볼 때마다 사람과 사람 간 연결 안에서 '상품'이 팔린다는 '연결 경제'를 실감한다.

그는 여러 면에서 '눈에 띄기' 때문에 질투하거나 비판을 받는 일도 많다. 언행이 건방지다는 사람도 있고, 무조건 꼴보기 싫다는 사람도 적잖다. 동종업계 사람들 사이에서 "저 자식은 사업을 우습게 안다."며 깎아내리는 소리도 심심찮게 들려온다. 그러나 그렇게 욕을 해대는 사람들은 과연 무얼 했는가? 오쿠노야 씨가 엄청난 실적을 올리는 동안 자신의 회사를 튼실하게 키웠을까?

싸게 팔지도 않고 판촉도 하지 않는데 오쿠노야 씨의 옷은 엄청 팔리고 있다. SNS를 우습게 알고 "그런 걸로 고객과의 관계성을 만들다니, 다 부질없어. 관계란 모름지기 현실에서 부딪히며 만들어내는 것이지." "SNS를 백날 해봐라. 매출이 오를 리가 있나?" "SNS로 반짝 인기를 끌어봐야 그거 다 물거품이다."라고 발언하는 업계의 아저씨들이야말로 '비즈니스를 우습게 아는' 거라고 나는 감히 말하고 싶다.

사람을 비판하기 전에, 실적을 낼 것.

비판하려면 먼저 실적을 올리고 하라.

이런 이야기를 하다 보니, 실적도 없으면서 비판하는 그 사고야말로 실적을 내지 못하는 원인이 아닐까 하는 생각마저 든다. 하지만 실적을 내지 못하는 인간에게는, 사람을 비판할 권리도 없는 법이다.

06 ⟨ 우물거리지 말고 과감하게 턴!

SNS가 보급되면서 웹은 사람을 중심으로 한 구조로 변화했다. 그 흐름은 이제 누구도 돌이킬 수 없다. 작은 궤도 수정이라는 차원이 아니라 세계를 진동시키는 거대한 변화이기 때문이다.

아주 옛날, 웹사이트(홈페이지)는 콘텐츠를 제공해 읽히는 공간이었다. 콘텐츠 마케팅이 유행한 적도 있었다. 마찬가지로 SEO(검색엔진최적화) 대책이 대접받던 시기도 있었다. 그러나 이제 웹은 사람을 연결시켜주는 것으로 진화하고 있다.

비즈니스가 사람을 중심으로 이루어지는 이상, 웹 구조 변화는 기업에도 많은 변화를 불러올 것이다.

SNS의 프로필을 읽으면 그 사람이 어떤 일을 하고 있으며 무엇에 흥미를 느끼는지, 누구를 신뢰하며 어떤 공부를 하고 있는지 훤히 파악된다. 페이스북 타임라인만 봐도 그가 어떤 가치관을 지향하며, 어떤 개인적 삶을 향유하는지 알 수 있다.

SNS에 올라온 친구의 영화감상 평을 본 뒤 그 영화를 보러 가기도 한다. 시애틀 출장을 갈 때에는 SNS로 연결된 시애틀 친구들에게 재즈바를 소개받을 수도 있다. 로마의 친구가 페이스북에 올린 제품을 아마존에서 사기도 한다. 나아가 신제품 정보나 업계 뉴스를 친구의 트위터를 통해 알게 되는 일도 빈번해졌다.

콘텐츠와 상품 스펙이 아니라 사람들 간 연결 관계를 비즈니스 모델의 중심에 두어야 하는 이유가 바로 여기에 있다. 이 시대는 지금까지 없었던 방식으로 비즈니스를 도모하는 기업만이 살아남는다. 조금이라도 빨리 비즈니스 모델을 바꾸는 기업만이 라이벌을 제치고 압도적인 실적을 올릴 수 있다.

· ·

SNS 상에서 사람들이 어떤 행동을 하는지,

어떤 것을 말하고 있는지,

그것을 알지 못한다면 성공은 절대 내 것이 아니다.

총정리

- 개성 = 선택받는 이유

- '나'를 내세워야 고객과 관계성이 만들어진다.

- '어디에서 살까'보다 '누구에게 살까'

- SNS의 등장으로 'Mass'라는 허상은 소멸했다

- 사람들과의 연결 관계가 비즈니스의 중심이 된다.

twitter

4장

'놀이처럼 즐거운 일'이 일으키는 마법

YouTube

내가 좋아하는 것을 비즈니스에 접목시킬 수 없을까?

진지하게 스스로 질문해보라.

그것이 앞으로의 시대, 중요한 성공 요인이 될 것이니까.

좋아하는 것과 취미를 일로 만들면, 발신에 개성이 생긴다.

거기에서 나만의 독자적 '가치'가 만들어진다.

"좋아하는 것을 하세요. 그것이 성공의 첫걸음입니다."

내가 인터넷을 처음 접한 건 윈도95가 나오기 전, 매킨토시 컴퓨터로 시작했다. 매킨토시 외에도 컴퓨터는 많았지만, 윈도95가 나오기 전까지 다른 컴퓨터들은 사용하기가 매우 불편했기 때문이다.

그때 내가 구입한 맥Mac의 가격이 50만 엔 정도였던 걸로 기억한다. PC가 막 비즈니스에 사용되기 시작할 무렵이었다. 애플이 아주 안 좋았을 때, 실적도 매우 저조할 때, 스티브 잡스는 회사를 떠나 있을 때였다. 자신이 회사에 영입한 이사진에 의해 애플에서 쫓겨난 잡스는 1996년에 복귀했다.

복귀하자마자 잡스는 1998년 아이맥iMac이라는 컴퓨터를 내놓았다. 스켈톤 몸체의 귀여운 디자인으로 USB를 채택한, 그때까지 컴퓨터와는 전혀 다른 개념의 혁명적인 컴퓨터였다. 아이폰iPhone, 아이패드iPad 등의 원조가 된 것이 바로 이 아이맥 컴퓨터이다.

스티브 잡스가 스탠포드 대학교 졸업식 축하연설에서 한 유명한 말

이 있다. *

"좋아하는 것을 하세요. 자신이 좋아하는 것을 찾는 일이야말로 인생을 성공으로 이끄는 비결입니다. 어떤 일이 있더라도, 시간이 걸리더라도 좋으니 좋아하는 것을 찾으세요. 좌절하거나 실패하더라도, 좋아하는 일이라면 기꺼이 다시 일어설 수 있습니다."

요약하면 이런 내용이다. 나는 잡스의 이 같은 발언이야말로 우리시대 비즈니스의 핵심을 관통하는 철학이라고 생각한다.

일을 즐겨라,
거기서 놀라운 이노베이션이 일어난다

무엇이든 그렇겠지만, 일을 즐기거나 좋아하지 않으면 획기적인 이노베이션은 일어나지 않는다.

소니의 모리타 씨를 예로 들어보자. 음악을 너무 좋아해서 커다란 카세트테이프 플레이어를 끌어안고 음악을 들었다고 한다. 모리타 씨가 워크맨을 개발한 건, 자신이 그토록 좋아하는 음악을 밖에서도 간편하게 듣고 싶다는 열렬한 소망 때문이었다. 언제 어디서든 좋아하는 음악을 듣고 싶은데, 카세트테이프 플레이어가 너무 커서 들고 다

---

* 2005년 6월, 스탠포드 대학교 졸업식에서 축하연설을 마치면서 했던 말 "Stay hungry, stay foolish."가 유명하다.

닐 수도 없는 노릇이다. 기발한 방법이 없을까? 모리타 씨의 개인적인 열망이 워크맨 탄생의 초석이 된 셈이다.

나는 당시 워크맨 탄생을 실시간으로 경험했다. 그건 실로 대단한 사건이었다. 일상의 풍경에 BGM이 깔리는, 경이로운 변화였다.

지금 사람들이야 작은 플레이어가 전혀 새로울 게 없지만, 당시로서는 혁명적인 사건이 아닐 수 없었다. 워크맨이 나오기 전까지 음악은, 장치가 있는 방에서만 들을 수 있는 것이었으니까. 음악광이었던 모리타 씨는 워크맨을 만들어냄으로써 전 세계 사람들의 새로운 라이프스타일을 창출했다.

마크 저커버그 역시 마찬가지다. 처음에는 그저 친구들과 재미있게 어울리기 위해 페이스북을 만들었다. 일종의 놀이였던 셈이다.

혁명적인 이노베이션은, 스스로 좋아서 무언가에 몰입하는 과정에서 일어난다. 모리타 씨와 저커버그의 일화가 그것을 증명한다.

내가 좋아하는 것이 무엇일까? 그것을 생각해보라. 나아가 나의 취향을 일에 적용할 방법은 무엇일지 궁리해보라.

02 ⟨ 놀이 같은 일, 일 같은 놀이

나는 2001년에 처음 책을 쓸 때부터 다음과 같은 문구를 신조로 삼아 왔다. 그리고 그 마음은 점점 더 강해지고 있다.

● ●

놀이 같은 일,

일 같은 놀이.

앞으로 '놀이 같은 마음'의 가치가 점점 높아질 것이다. 모든 일은 '놀이'처럼 바뀔 것이다. 놀이를 하는 과정에서 갖가지 힌트가 나오고, 그것이 발전해 비즈니스가 되는 세상. 미래의 기업은 그렇게 만들어 진다. 상식에서 일탈하는 발상, '놀이 같은 마음'이 필요한 이유다.

자기가 좋아하는 것을 할 것. 깊이 빠져들어, 시간가는 줄도 모를 정 도로 몰입해볼 것. 좋아하는 것을 할 때 우리는 피곤을 못 느낀다. 노력이 노력이 아닌 게 된다. 그래서 지치지 않고 계속할 수 있다.

영화든 미술이든 요리든, 아니면 패션이든 음악이든 독서든 스포츠든, 뭐가 되더라도 좋다. 좋아하는 것에 지속적으로 몰입한다. 계속하다 보면 그 분야에서 어느 정도 전문가가 될 수 있다. 그것이 새로운 비즈니스를 탄생시킬 힌트가 된다. 힌트뿐만 아니라, 좋아하는 것 자체를 일로 삼을 수 있을지도 모른다.

과거 오키나와에서 열린 나의 세미나에 참가했던 사이토 씨. 그는 오키나와현에서 숙박업을 하고 있었다. 반려동물과 함께 묵을 수 있는 호텔이다. 최근 낚시에 빠진 그가 배 타고 낚시하는 사진을 SNS에 올렸더니 같은 취미를 가진 사람들이 친구 신청을 해왔다. 사이토 씨는 그 사람들을 모아 바비큐 파티를 하거나 낚시 관련 이벤트를 열었다. 그러자 그의 호텔에 낚시 마니아들이 몰려들기 시작했다. 반려동물과 함께 묵을 수 있는 호텔로 시작했지만, 그의 호텔은 머잖아 낚시를 좋아하는 사람들의 아지트가 될 듯하다. 취미로 시작한 낚시가 '호텔+낚시'라는 새로운 가치를 만들어낸 셈이다.

스스로 새로운 가치를 만들어내는 것. 더구나 '좋아하는 것'을 지속적으로 함으로써 생겨나는 가치야말로 진짜 소중하다. 일을 즐기자. 사람들은 즐겁게 일하는 이들 주변으로 모여든다.

좋아하는 걸 할 때
죄책감을 갖지 말 것

재즈, 영화, 책, 미술, 연극…. 나는 좋아하는 게 정말 많다. 아 참, 사진도 매우 좋아한다. 찍는 게 아니라 보는 것을. 특히 1920년대에 활약한 만 레이의 작품을 사랑한다.

그런데 인스타그램이 등장한 이후에는 내가 직접 사진을 찍어 가공하는 게 재미있어졌다. 시간가는 줄 모르고 할 때도 있다. 훌륭한 카메라와 사진을 가공할 수 있는 앱 덕에 작품 만드는 것까지 좋아졌다. 좋아하는 무언가를 하는 건 정말 신나는 일이다. 일이 될 수 있든 그렇지 않든 상관없이. 왜? 재미있으니까. 나의 사진은 일로 연결될 가능성은 없다. 다만 나의 개성을 발신하고 있으니, 그걸로 충분하다.

좋아하는 것을 하는 상황에 대해 일종의 죄책감을 느끼는 사람도 적지 않다. 돈을 버는 일은 당연히 지치고 힘들어야 한다는 고정관념이 너무 강하기 때문이다. 그러나 한 번 사는 인생이다. 좋아하는 것을 행복하게 하면서 업으로 삼는 게 왜 잘못인가?

지금 하는 일이 너무 싫지만 정년퇴직 때까지는 버텨야 한다고 생각하는 사람도 있을지 모른다. 나 혼자 행복하자고 그럴 수는 없다면서 월요일부터 금요일까지 죽어라 일을 하고, 토요일과 일요일에 취미생활을 하면 된다고 말이다. 참으로 안타까운 일이다. 월화수목금토일, 좋아하는 걸 행복하게 할 수 있는 길을 놔두고 왜 그처럼 불행하게 살아야 하나? 게다가 싫어하는 일을 해서 성공하기는 거의 불가능하다. 나는 지금까지 그런 사람을 단 한 명도 못 봤다.

• •

좋아하는 것이란, 당신이 '잘하는 것'이다.
잘하는 것은 당신의 훌륭한 재능이다.
그러므로 당신은 좋아하는 것을 해야만 한다.

자신이 좋아하는 게 구체적으로 무엇인지 모르겠다면, 먼저 생각해보는 시간을 가져야 한다.

가령 '술'을 좋아한다면 골똘히 질문해보라. 맛 자체를 좋아하는지, 술을 통해 만나는 사람들과 즐기는 시간이 좋은 건지, 제조법이나 제조자에 흥미를 느끼는지, 술이 있는 음식점이 좋은 건지, 술을 테마로 한 사진을 찍어서 공유하는 게 좋은지, 술이 아니라 소믈리에처럼 일하는 사람에게 궁금증이 생기는지…. 좋아하는 요소를 여러 갈래로 분류해 자문해볼 수 있다.

단지 막연하게 좋아하는 것을 하고 싶다고 달려들어서는 안 된다. 좋아하는 것의 본질을 먼저 파악하는 작업이 필요하다.

"나와 사귀고 싶으면, 도스토예프스키 정도는 읽어야지."

좋아하는 것을 찾지 못하거나 아예 없다고 말하는 사람도 있다. 틀린 말이다. 어떻게 하면 자신이 '좋아하는 것'을 찾을 수 있을까?

좋은 방법이 하나 있다. 어릴 적 신나게 놀았던 경험을 떠올려보라. 혹은 지금까지 살아오면서 경험한, 가슴 뛰는 순간을 기억해내는 방법도 있다. 이런 이야기 속에 당신이 '좋아하는 것'의 힌트가 숨어 있다.

좋아하는 것을 찾는 방법이 '과거'에만 숨어 있는 건 아니다. 신뢰하거나 존경하는 사람, 좋아하는 사람들이 즐기는 일을 자신이 시도해보는 것도 효과적이다. 그 과정에서 지금껏 한 번도 느끼지 못했던, 내 안의 열정이 드러날지도 모른다. 후천적으로 좋아하는 것은 얼마든지 만들어낼 수 있다. 나이가 몇 살이든 상관없이.

내가 대학생일 때, 정말 멋진 친구가 있었다. 그는 이성들에게 인기가 많았다. 내 친구이기도 했던 여학생이 어느 날 그에게 고백을 했다. 그런데 그가 이렇게 말했다고 한다.

"나하고 사귀고 싶으면, 도스토예프스키 정도는 읽어야지."

그 후 여학생은 열심히 도스토예프스키를 읽었다. 그러다 도스토예프스키에 푹 빠져 러시아문학 팬이 되고 말았다. 후천적으로 좋아하는 것을 찾은 좋은 예이다(물론 멋진 그 남자와 사귀는 데에도 성공했다. 참고하시라).

만약 내가 무엇을 좋아하는지 모르겠다면, 친구나 가까운 지인에게 "당신은 무엇을 좋아하세요." 하고 질문해보라. 그걸 왜 좋아하는지, 무엇이 재미있는지를 들어보라. 그들이 들려주는 이야기에 고개가 끄덕여진다면 당신이 한번 시도해보는 것도 좋다. 이 방법은 좋아하는 것을 이미 가지고 있는 사람에게도 유용하다. 좋아하는 건 많을수록 좋으니까.

'Jazzy'로 불리는 법무사 시로마 씨는 재즈를 잘 모른다

좋아하는 걸 일에 접목해 인정받으면, 그게 당신만의 독자적 상품이 된다. 당신의 개성과 인품에 이끌려 고객이 모이고, 실적이 좋아지고, 인생이 즐거워지는 선순환이 이루어진다.

취미를 일에 접목해 성공을 거둔 오키나와 법무사 시로마 씨를 소개하려 한다. 오키나와에서 개최한 나의 세미나에 처음 참가했을 때, 시로마 씨는 내가 하는 말에 충격을 받았다고 한다.

'놀이 같은 일, 일 같은 놀이'라는 발상은 그때까지 시로마 씨의 인생에 없던 개념이었기 때문이다. 당시 사회보험노무사 사무소에서 법무사로서 일하던 그는 창업을 꿈꾸고 있었다. 행정서사는 딱딱한 직종이다. 게다가 그는 어릴 때부터 모범적이고 성실하게 자라왔다. 그러므로 일을 즐긴다는 발상 자체를 하지 못했다.

성실한 사람은 일을 즐기는 것에 죄책감을 느끼거나, 즐기면서 일하는 사람은 성실하지 않다는 편견을 갖기 일쑤다. 그 역시 일에서 얻

'놀이처럼 일하는 마음'을 적어넣은 명함의 효과는 엄청났다

이전 직장의 평범한 명함에서,
재즈 명반을 흉내내 자신의 사진을
넣은 명함으로 변경.
이를 통해 자기가 '좋아하는 것'을
드러내는 동시에
인지도가 급격히 상승했다.

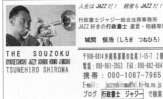

는 돈은 인내의 대가라고만 생각했다. 그러던 시로마 씨가 나의 이야기를 들은 이후 진지하게 고민을 했다. 유언과 상속 전문가인 그는 사람들의 죽음 직전을 입회할 기회가 많았다. '아무리 막대한 유산을 남기더라도 자신의 인생을 제대로 즐기지 못했다면 그의 인생은 불행한 것이 된다.' 지금까지 임종을 지킨 사람들을 하나하나 떠올려보던 시로마 씨는 그런 결론에 도달했다.

그때부터 시로마 씨는 나의 세미나에 열성적으로 참여했다. 그러면서 '자신이 무엇을 좋아하는지, 무엇을 하고 있을 때 즐거운지'를 자문하기 시작했다.

그가 좋아하는 것은 재즈. 재즈를 너무 좋아해서 독립 후 창업한 회사의 이름도 '법무사 재지 종합법무사무소'라고 지었다. 재지Jazzy는 '재즈 같은, 활기 넘치는'이란 의미로 시로마 씨의 별명이기도 하다. 그는 딱딱한 양복을 벗어던진 후 청바지에 선글라스를 낀 캐주얼 복장으로 일하기 시작했다.

명함에도 '놀이처럼 일하는 마음'을 듬뿍 실었다. 시로마 씨가 트럼펫을 불고 있는 흑백사진과 회사의 캐치프레이즈인 '인생은 Jazz다! 경영도 Jazz다!'란 문구가 눈에 띄도록 명함을 디자인했다. 리 모건이라는 유명 재즈뮤지션의 앨범을 카피한 것이다. 이 명함의 효과는 엄청나서, "Jazzy 씨 맞지요?" "트럼펫 부는 사람 맞지요?"라며 그를 알아보고 일을 의뢰하는 사람들이 모여들기 시작했다.

갖가지 방법으로 폭넓은 사람들과 커뮤니티를 형성하다

시로마 씨는 그 후에도 나의 세미나에서 배운 것들을 우직하게 실천해나갔다. '개인을 내세우고, 스스로에 대해 발신해나간다.' 그는 세미나에서 배운 것들을 자신의 삶에 적용했다.

• •

나 자신이 상품이다.

"법무사라는 일은 그닥 궁금하지 않지만, 재지에 대해서는 알고 싶다." 친구의 이 말에 힘을 얻은 그는 자신에 관한 이야기를 지속적으로 공유했다. 블로그, 페이스북, 트위터, 인스타그램, 사무소 앞에 있는 블랙보드(칠판), 상속세미나, 세미나 참가자들에게 보내는 뉴스레터 등 그는 전방위적으로 매체를 확장했다. 그리고 마침내 그는 지역 라디오 방송까지 출연하게 되었다.

블로그는 상속 전문가로서 직업적 특성을 부각시키는 내용을 소개했다. 독립하자마자 유산 상속 일이 들어온 것도, 바로 블로그를 경유해서였다. 반면 SNS에서는 좋아하는 것이나 일상, 일, 가정, 세계관 등 개인적인 내용을 공유했다. 재즈 라이브하우스에 가서 음악을 감상했던 사진을 올렸더니, 어느 날 지인이 "다음에 재즈 공연 갈 때 나 좀 데리고 가줘."라는 부탁을 해왔다. 오키나와에는 재즈 라이브하우스가 여러 개 있음에도 불구하고, 그곳은 자신들이 드나들기에 문턱이 높을 거라고 지레 짐작하는 사람들이 적지 않았다.

그 사실을 알게 된 시로마 씨는 자신과 함께 재즈 라이브하우스에 갈 사람들을 모으는 일명 '재지의 재즈투어'를 기획했다. 투어라고 하지만 그저 시로마 씨와 함께 재즈를 들으러 가는 것이었다. 그러므로 시로마 씨의 구상은 느슨했다. 자신이 재즈 라이브에 가는 날에 SNS에 내용을 올려서 사람들이 모이면 즐겁고, 안 모이면 혼자 간다는 생각이었다. 그렇듯 가벼운 마음으로 시작한 일인데, 지금은 꾸준히 5~10명이 참가하는 모임이 되었다. SNS로 연결된 터라 한 번도 만난 적 없던 사람들이 홋카이도나 혼슈에서도 참가하면서, 전국적인 커뮤니티가 만들어졌다. 시로마 씨는 재즈투어 에피소드를 다시 SNS를 통해 공유하면서 점점 더 유명해졌다.

　이런 일련의 노력 덕에 시로마 씨가 매월 실시하는 '상속 세미나'에는 10~30명 정도가 참가한다. 나아가 그렇게 연을 맺은 사람들을 대상으로 한 유언장 작성 의뢰가 늘고, 그들의 입소문 덕에 다른 지역에서까지 상속 세미나를 요청하는 일이 점점 많아지고 있다.

좋아한다면, 잘 알지 못해도 OK!

시로마 씨는 영업다운 영업을 하지 않는다. 블로그를 쓰거나, SNS를 하거나, 재즈 투어를 하거나, 라디오에 출연하는 것을 계기로 그에게 일이 들어온다. 그것도 즐거운 내용들이 주를 이룬다.

　과거 스스로와 주변 사람들에게 엄격함을 요구했던 시로마 씨는 더이상 없다. 마케팅 세미나를 통해 즐기는 마음으로 일하는 법을 터득한 이후 그는 일도 생활도 즐거운 사람으로 변모했다.

　여기서 한 가지 눈여겨볼 것이 있다. 재즈를 좋아해서 갖가지 매체에 재즈 관련 내용을 공유하고 있지만, 사실 시로마 씨는 재즈에 그리 해박하지 않다. 아는 이야기가 많은 것도 아니고, 음악적으로 연구를 한 사람도 아니다. 앨범이나 뮤지션에 관해서도 많이 알지 못한다. 그저 재즈의 분위기를 좋아할 뿐.

좋아하는 것을 드러내라고 권하면 '나보다 잘 아는 사람이 많이 있을 텐데.'라며 주저하는 사람들이 적잖다. 그런 건 문제가 안 된다.

• •

잘 알지 못해도, 프로가 아니더라도,

지금 자신이 좋아하는 것을,

일단 이야기하는 게 중요하다.

뭐라도 상관없다. 일 이외에 좋아하는 것, 즐거운 일상을 SNS에 올려보라. 당장 내가 하고 싶은 것. 오늘 내가 하고 싶었던 것. 오랫동안 해보고 싶었던 것. 그것들을 마음 편히 이야기하는 일은 순수할지언정 절대 부끄러워할 게 아니다.

매일매일 그렇게 하다보면, 스스로 알아차리지 못하는 순간 큰 변화가 일어난다. 즐겁던 그 일을 매우 '잘 하고 있는' 자신과 맞닥뜨리는 것이다. 그것이 바로 당신의 개성이자 당신의 상품 가치를 높여주는 기름진 토양이다.

05 축구바보 미용사 가쓰무라 씨의 인생 대역전

취미를 내세운 판촉으로 성공한 미용실 원장을 소개하겠다. 가나가와 현에 있는 '미용실 가나즈'의 가쓰무라 씨가 바로 그 사람이다.

나의 세미나에 오기 전까지는, 그 역시 평범하기 그지없는 판촉을 하고 있었다. 깔끔한 커트모델 사진 아래 요금을 적어놓은 전단지. 단정한 이미지였지만, 사람을 끌기에는 많이 부족했다. 나는 그에게 솔직하게 조언을 했다.

"좀 더 강하게 '개인'을 내세워야만 합니다. 이 전단지만으로는 특별히 가나즈에 가야 할 이유나 필요성을 느낄 수가 없습니다."

이미지만 있는 전단지로 선택받던 시대는 이미 지나갔다. 그보다는 스태프의 얼굴을 내걸거나, 대표의 취미를 소개하는 식으로 '개인'을 부각시키는 것이 효과적이다. 그런 이야기를 주고받는 과정에서 가쓰무라 씨가 축구를 매우 좋아한다는 사실을 알게 되었다. 그는 '축구바보'라고 불릴 정도로 축구광이었다. 가게 이름인 '가나즈'도 프리미어 리그 소속 인기팀 아스널의 애칭이다.

그 정도로 좋아하는데도, 그는 가게에서든 SNS에서든 자기가 축구를 좋아한다는 사실을 전혀 드러내지 않고 있었다.

나는 그에게 축구를 좋아한다는 사실을 좀 더 적극적으로 알리라고 했다. 내가 만약 축구 팬이고 근처에 축구광이 운영하는 미용실이 있다는 사실을 알면, 당연히 그곳으로 갈 것이라고 덧붙이면서.

그는 "괜찮을까요?"라며 살짝 놀라는 눈치였다.

"왜 안 되는데요?" 내가 반문하니 그가 이렇게 대답했다. "축구는 취미이고, 미용실은 일이잖아요. 일을 취미로 하는 것처럼 보일까 봐…." 나는 그에게 취미나 좋아하는 것을 많이 보여주는 편이 고객과 관계성을 강화하기 쉽다는 사실을 차근차근 이야기했다.

가쓰무라 씨는 발 빠르게 행동했다. 커다란 손 글씨로 자신이 축구광이라는 사실을 소개한 A3 사이즈 전단지를 신문광고지 속에 넣었다. 신문 속 전단지는 깔끔하게 인쇄된 것들 일색이다. 그런 광고지들 사이에 손으로 쓴 전단지가 있다면 단연 눈에 띈다. 대다수 사람들은 그 전단지를 발견한 순간 "이건 뭐지?" 하며 호기심을 느낀다.

전단지 전면을 축구 경기장을 연상시키는 이미지로 구성한 뒤, 주요 타깃인 야마토시 주민들에게 보내는 편지로 한 쪽을 채웠다.

가나즈가 여기까지 올 수 있었던 것은, 지속적인 애정을 보여주신 고객 여러분 덕입니다. 우리가 목표로 하는 것은 가나즈와 고객이 하나가 되는 것….

그 옆에는 두 번째 점포 오픈 정보를 싣고 미용실 스태프를 포워드, 미드필더, 디펜스로 배치해 얼굴 사진과 함께 소개글을 덧붙였다.

포워드 '결정력 부족, 개성파 2톱이 가나즈를 이끌다.'
미드필더 '매력 넘치는 판타지 스타가 가나즈에 사랑의 킬러 패스.'
디펜스 '철벽 수비진 플랫 3가 고객님께 안전과 안심을.'

뒷면에는 고객의 목소리를 실었는데, 당연히 '서포터즈의 목소리'라는 제목이 붙어 있었다. 더불어 야마토시 주민이라면 누구든 찾을 수 있도록 알기 쉬운 지도를 그려넣었다.

이렇게 손으로 쓴 전단지 1만 5,000부를 신문광고지에 넣은 뒤 놀라운 일이 일어났다. 단지 그 방법만으로 1개월 동안 신규 고객 129명이 찾아온 것이다. 비상식적일 정도로 열렬한 반응이었다.

좋아하는 것을 내세우는 행동의 효과는 그만큼 크다. 지금까지 가나즈라는 미용실과 별다른 관계성을 느끼지 못하던 고객들은 스태프의 얼굴이 새겨진 전단지를 보면서 쉽게 친근감을 느꼈다. 그 결과 가나즈는 야마토시의 대표적인 미용실로 자리매김했다.

'개인'을 내세운 전단지로 신규고객 행렬이 이어지다

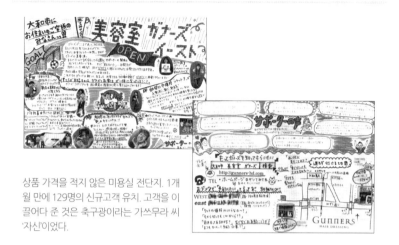

상품 가격을 적지 않은 미용실 전단지. 1개
월 만에 129명의 신규고객 유치. 고객을 이
끌어다 준 것은 축구광이라는 가쓰무라 씨
'자신'이었다.

주인인 가쓰무라 씨는 이후 미용실 전문 컨설턴트로도 활동 중이
다. 물론 세미나와 강연이 열릴 때, 그는 축구 유니폼을 입고 등장한
다. 자신이 실천해 성공한 비결을 다른 미용실에게도 기꺼이 제공하
는 것이다.

가쓰무라의 이야기는 일에 취미 요소를 가미함으로써 '개인 브랜딩'
에 성공한 좋은 사례이다. 이렇듯 광고도 개성인 시대다. 기존 관념들
에 얽매이지 말고 '개인'과 '취미'를 내세워 개성적으로 발신하면, 고객
에게도 즐거운 마음이 전달된다. 광고마저 그 누구도 흉내낼 수 없는
'개성'이 되는 것이다.

축구바보를 계속 어필하다 보니 일어난 기적

가쓰무라 씨는 판촉물과 뉴스레터, 블로그 등에서도 자신이 '축구바보'라는 사실을 아낌없이 내세웠다. 그 결과, 숫자에는 나타나지 않는 반응까지 늘었다. "혹시 가나즈라는 미용실 이름이 아스널을 의미하는 건가요?"라고 물으며 축구광들이 하나 둘 미용실을 찾기 시작한 것이다.

머리 스타일보다 축구 이야기로 대화의 꽃을 피우고 싶어하는 고객들이 점점 많아졌다. 가쓰무라 씨는 이런 고객들과 함께 축구경기를 직관하러 가기도 했다. 이후 가쓰무라 씨가 주최하는 '가나즈컵 축구대회'를 매년 개최하고 있는데, 대회 때마다 80명 이상이 모일 만큼 성황을 이루었다. 가나즈컵 참가자들이 미용실의 우수고객이 된 것은 말할 필요도 없다. 소개의 연쇄반응이 일어난 것이다.

그리고 얼마 후, 나는 가쓰무라 씨에게 또 다른 조언을 했다.

"J리그 팀이 있는 지역에서 세미나를 한번 해보면 어떨까요?"

그 이야기를 들은 가쓰무라 씨는 J리그(일본 프로축구 J1, J2 40팀. 당시에는 J3는 없었다)에 소속된 축구팀의 모든 연고지에서 세미나를 하겠다는 계획을 세웠다. 이름 하여 'J리그 타운 활성화 세미나'였다. 전국 36개 스타디움 회의실에서 개최한 이 세미나에서 가쓰무라 씨는 연고지 축구팀의 유니폼을 입고 강연에 나섰다. 참가자들 역시 유니폼을

착용한 상태였다. 프로그램을 세심하게 기획해 세미나 중간에 경기장 투어를 개최하는 등 즐길거리를 배치한 결과, 참가자들의 호응도가 급상승했고 SNS를 타고 소문이 삽시간에 퍼졌다. 그리하여 이 세미나는 참가인원 1,000명 이상을 기록한 성공적인 행사가 되었다.

2016년 10월, 가쓰무라 씨는 오사카 스이타시가 주최한 신설 경기장 오픈 강연에 나섰다. 강연 제목은 '신설 스타디움 완성! 함께 만드는 홈타운'이었다. 연단에 올라서기 직전, 사회자는 "J리그를 활성화한 축구 저널리스트 가쓰무라 씨입니다."라고 그를 소개했다. 생각해보면 축구 활성화를 위해 그가 특별히 한 일은 없다. 다만 J리그 타운에서 활성화 세미나를 열고 블로그와 SNS에 좋아하는 축구 이야기를 올렸던 그의 일상적 발신이 본인도 모르는 사이에 그를 J리그 활성화의 주역으로 만든 셈이다.

개성을 드러냄으로써 이상적인 인생이 내 것으로

2016년 가을, 가쓰무라 씨가 내게 다시 상담을 요청해왔다.

"앞으로 저는 어떤 것을 하면 좋을 까요?"

내가 반문했다. "가쓰무라 씨는 뭘 하고 싶은데요?"

"실은 축구 저널리스트가 되고 싶습니다."

"그렇게 하면 되지요."

나는 스포츠 저널리스트 야마기와 준지 씨의 명저 《에나츠의 21구》

를 읽어보라고 권했다. 1979년 프로야구 일본시리즈 7차전에서 당시 히로시마 도요카프 소속 투수였던 에나츠가 9회 말에 던진 21구를 소재로 쓴 논픽션이다. 탁월한 취재력과 문장력, 야구에 문외한인 나 같은 독자들도 재미있게 읽었을 정도로 친절하게 써내려 간 이 책이야말로 역사에 길이 남을 스포츠 논픽션 중 하나라고 평소 나는 생각해 왔다. 더구나 스포츠 저널리스트를 목표로 한다면 반드시 읽어두어야 할 명저이다.

가쓰무라 씨는 이 책을 읽자마자 충격을 받았다고 말했다. 이후 연말연시가 되면 현재 활약하고 있는 축구 저널리스트의 저작들을 모두 읽고 있다. 그러면서 '어떻게든 축구 저널리스트가 되고 싶다! 나도 할 수 있을 것이다!'라는 다짐을 한다. 지난 6년 간 매일 블로그에 축구 관련 글을 써온 것도 스스로에게 자신감을 주고 싶었던 노력의 일환이었다.

나아가 그는 축구 기사 및 정보를 소개하는 매체에서 프리랜서 기자로 활동하는 것을 목표로 삼아 자신의 이력서와 글들을 투고했다. 마침내 한 매체에 프리랜서 기자로 스카우트돼 기사를 쓰기 시작했다. 보수는 기사당 700엔. 적은 금액이지만 원고료가 발생하는 '프로'가 된 것을 의미한다.

그렇게 데뷔한 지 일주일 만에 가쓰무라의 기사가 해당 사이트 조회수 1위를 차지했다. 그가 SNS를 잘 활용해온 덕분이다. 그가 작성한 기사를 페이스북이나 트위터에 링크하면서 다른 저널리스트들과는 전혀 다른 차원의 조회수를 기록한 것이다. 이를 본 다른 사이트에서 그에게 글을 요청하기 시작했다. 그곳에서 제시한 원고료는 기사 당 1만 5,000엔. 1주일 만에 기사 가격이 20배로 뛰었다. 그러자 그를 먼저 채용했던 매체가 알아서 원고료를 올려주겠다고 나섰다.

온라인으로 발신을 지속해온 효과는 더 있었다. 보통 프리랜서 기자는 팀과 선수들에게 취재 요청을 해도 문전박대당하기 일쑤다. 하지만 가쓰무라 씨는 예외였다. 꾸준히 블로그 활동을 해온 가쓰무라 씨를 취재 상대들도 거의 다 알고 있었다. 그 덕에 선수들이 취재를 거부하기는커녕, 반색을 하며 그와 만나기를 원했다고 한다.

그는 지금 토요일 오전과 일요일만 미용실에 나간다. 주중에는 축구 취재를 하거나, 기사를 쓰거나, 마케팅 컨설턴트로 일을 한다. 그럼에도 미용실 매출과 수익은 꾸준히 늘고 있다.

이처럼 '좋아하는 것'을 공유하는 것으로 개성을 인정받으면, 그것만으로 자신이 꿈꾸는 이상적인 생활을 손에 쥘 수 있다.

총정리

- '좋아하는 것'에서 혁신은 시작된다.

- 즐기는 사람 주변에 사람들이 모인다.

- 좋아하는 것을 하는 데 죄책감을 갖지 마라.

- 좋아하면 그것으로 족하다. 잘 알지 못해도 괜찮다.

- 공유를 계속하다 보면 새로운 가치가 만들어진다.

5장

'편집'이
살길이다

당신이 이미 가지고 있는 것에

스포트라이트를 비추어 의미를 부여하는 것만으로도,

상품은 팔린다.

고객에게 선택받을 수 있는 이유를 명확히 드러낼 줄 알아야 한다.

01 잘 팔리는 상품은 없다, 잘 파는 방법이 있을 뿐

지금까지 설명한 것처럼, 개성적인 가치를 만들어 당신의 고객들에게 제대로 전달하는 것은 매우 중요하다. 선택받기 위해서.

이렇게 말하면, 왠지 어렵게 느껴질지도 모르겠다. 걱정하지 마라. 이 세상에 존재하지 않았던 획기적인 신상품을 만들어 내놓거나, 특허를 받을 만큼 새로운 비즈니스모델을 구상하라는 이야기가 아니기 때문이다.

"앞으로의 시대에는 어떤 상품이 팔릴까요?"

자주 받는 질문이다. 그럴 때 내가 하는 말이 있다.

"'팔리는 상품'은 없습니다. '팔리게 하는 방법'이 있을 뿐이지요."

실제로 잘 팔리는 상품이라는 것은 찾기 어렵다. 설령 있다고 해도 그런 상품은 다른 사람들이 금방 흉내를 내서 따라오기 때문에 순식간에 개성은 사라지고 인기는 사그라든다. 그러므로 팔리는 상품을 기대하기보다, 당신이 취급하는 상품을 '팔리는 방법'으로 소개할 방법을 마련해라.

그러면 팔리게 하는 방법이란 무엇일까? 그게 바로 '편집'의 힘이다. '편집'이란, 여러 가지 정보를 적절하게 조합해 전달하는 일을 일컫는다. 이 방법을 상품과 판매 방법에 적용하는 것이다.

우리가 흔히 가는 마트에 진열된 물건들은 어디나 비슷비슷하다. 가령 동네 슈퍼에서 파는 상품은 다른 가게에서도 다 판다. 그런 상황에서 선택받기 위해서는 어떻게 해야 할까?

편집만 잘해도 전혀 다른 상품이 된다

가장 쉬운 예로, 어떤 종류의 상품을 테마 별로 분류해 진열하는 편집 방법이 있다. 구체적인 예를 들어보자.

자가격리 대책으로 1개월을 비축해야 한다면

무엇이, 얼마나 필요할까?

아마도 어른 한 명당 적어도 이 정도입니다!

위와 같은 헤드카피가 적힌 포스터에 '상품담당 에노모토(39세 남자, 비교적 소식, 과자 좋아함)가 골라봤습니다. 물 2리터 페트병 15개, 말린 떡 100개, 캔 30개….' 같은 식으로 컵라면과 약품, 마스크 등 1개월간 집 안에 머물러야 할 경우 필요한 것들을 나열한 사진을 곁들여 소

개하는 것이다. 어떤가? 위의 사례는 사실 드럭스토어에서 판매담당
으로 일하는 나의 학생 작품이다. 이렇게 포스터를 꾸며 소개한 뒤 관
련 상품 매출이 전년 대비 20퍼센트 상승했다고 한다.

특별한 상품을 판 게 아니다. 평소 판매해온 상품을 새로운 의미를
부여해 편집한 뒤 진열했을 뿐이다. 그 전달 방법만으로 새로운 가치
가 생겨났다.

'편집력'이 중요한 이유가 바로 여기에 있다.

02 ◁ '필터링'에 과감히 뛰어들자

너무나 많은 정보 때문에 우리는 스스로 선택하는 일을 점점 귀찮아한다. 구매나 선택에 더 이상 에너지를 쏟고 싶지 않은 것이다.

그런 시대를 일찌감치 예견하고 준비해서 성공한 인터넷 기업이 있다. 아마존이다. 아마존은 오래 전부터 취향 분석 필터링이라는 시스템을 가동해왔다. 지금은 다른 인터넷 쇼핑몰들도 앞다투어 도입하고 있는 추천 시스템으로, '이 상품을 구매한 사람은 이런 제품도 구매했습니다.'라는 문구와 함께 흥미를 느낄 만한 다른 상품을 노출해주는 엔진 말이다.

아마존에서 몇 번 제품을 구입한 이력 덕에, 당신 취향은 아마존에 데이터로 축적된다. 상품 페이지를 열람하는 시간이 5초일 때와 30초일 때의 추천 내용이 달라지는 식이다. 이렇게 아마존이 추천하는 상품을 사본 경험은 누구에게나 있을 것이다. 나 역시 이런 추천을 통해 책을 구입한 적이 꽤 여러 번이다. 케빈 켈리의 책《우리는 어떻게 바꾸고 있는가》에 따르면, 이 같은 추천 엔진을 통한 매출은 아마존 전체 매출의 3분의 1에 이른다. 2014년에는 그 금액이 무려 300억 달러였다. 넘쳐나는 정보를 일일이 찾아보고 선택하기 어려워하는 사람들에게 맞춤한 정보를 뽑아 전달하는 '필터링' 개념은, 그야말로 '편집'의 전형적인 예라고 할 수 있다.

같은 책에 따르면, 지금 세계적으로 매년 약 300억 개의 블로그가 새로 생기고, 1,820억 개의 트위터가 만들어진다고 한다. 그 외에 페이스북과 인스타그램, 유튜브 등을 합하면 가늠하기 어려울 정도로 방대한 정보가 유통되는 셈이다.

그러니 당신 스스로 필터가 되어 이 방대한 정보를 편집해서 홍보해보는 건 어떤가? 만약 당신이 의류매장의 옷을 판매하는 스태프라면, 가게의 옷을 골라 인스타그램으로 추천하는 것이다. 이런 것들이 다 필터링의 일환이다.

당신이 마케팅 컨설턴트라면, 직접 읽고 좋다고 생각하는 비즈니스 서적을 블로그에 올려본다. 그것으로 당신은 필터링을 하고 있는 셈이다. 이렇게 모든 것을 '필터링'이라는 키워드로 접근해보자. SNS에서 무언가를 공유하는 것만으로, 당신은 누군가에게 필터링을 제공하고 있다는 시점으로 말이다.

03 고객이 모이는 곳에 가서 목소리를 내라

나는 규슈 지역의 '이온'이라는 쇼핑몰 점장과 스태프를 상대로 세미나를 하고 있다. 그 세미나를 위해 쇼핑몰 세미나룸 옆, 흡연실에 들렀을 때의 일이다. 그곳에 붙어 있는 카페 광고포스터가 마케팅 관점에서 볼 때 참으로 놀라웠다. 쇼핑몰 3층에 자리잡은 커피숍 광고포스터 문구는 다음과 같았다.

애연가 여러분, 이온 가고시마 쇼핑센터 3층 00(커피숍이름)에서는 애연 고객들께 편안함을 제공하기 위해 흡연석을 마련해두었습니다.

애연가라면 이런 문구로 홍보하는 커피숍에는 반드시 간다! 우리 일행은 점심시간과 세미나 종료 후에, 두 번씩 그곳에 갔다. 물론 나만 담배를 피웠지만, 그곳 스태프들은 기꺼이 나를 배려했다(미안해요^^). 가치를 제대로 전달할 줄 아는 사람을 만나게 해준, 반가운 포

애연가가 모이는 흡연실의 카페 광고포스터

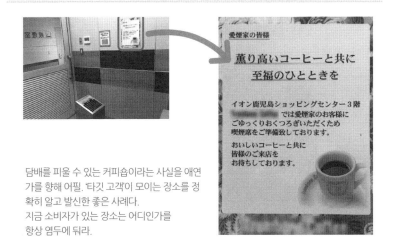

愛煙家の皆様

薫り高いコーヒーと共に
至福のひとときを

イオン鹿児島ショッピングセンター3階
＿＿＿＿＿＿＿　では愛煙家のお客様に
ごゆっくりおくつろぎいただくため
喫煙席をご準備致しております。

おいしいコーヒーと共に
皆様のご来店を
お待ちしております。

담배를 피울 수 있는 커피숍이라는 사실을 애연가를 향해 어필. '타깃 고객이 모이는 장소'를 정확히 알고 발신한 좋은 사례다.
지금 소비자가 있는 장소는 어디인가를 항상 염두에 둬라.

스터였다.

'누구에게, 무엇을, 어떻게 전달하고 싶은가?' 이것을 명확하게 하는 게 홍보의 기본이다. 흡연실이 딸린 커피숍을 좋아할 사람이 누구겠는가? 두말할 것 없이 애연가들이다. 그리고 애연가들은 흡연실로 모여든다. 당연한 얘기지만 이처럼 단순한 관점을 지니지 못한 회사나 가게가 의외로 많다.

당신의 고객이 될 만한 사람은 어디에 있을까? 그걸 생각해보라. 가령 젊은 사람들을 상대하는 장사라면 SNS를 해야만 한다. 대다수 젊은 세대는 SNS를 사용하면서 시간을 보내고 있으니 말이다.

'타깃은 30대 여성'
어처구니 없는 접근

누구에게, 어떤 내용을 전달할 것인가? 얼굴조차 모르는 사람에게 메시지를 전하는 것은 어렵다. 게다가 지금은 소비자의 개성이 넘쳐나는 시대다. 과거에는 '20대 여성' '30대 남성'처럼 연령별로 구매층을 정한 뒤 판매 전략을 세우는 것이 효과가 있었다.

이제는 그런 방법이 통용되지 않는다.

"이 상품 핵심 타깃은 25~35세 여성입니다." 아직도 이런 식으로 말하는 상품개발 담당자나 광고업체 사람들이 있다. 이런 식의 구분은 과녁을 빗나가도 한참 빗나간 접근이다. 더 이상 25~35세 여성을 같은 가치관으로 뭉뚱그려 엮을 수 없는 시대이기 때문이다.

여전히 내 말이 믿기지 않는다면, 당신 주변을 둘러보기 바란다. 연령만 비슷할 뿐 100명이면 100명, 모두가 서로 다른 개성을 중시하는 세상이다.

알기 쉬운 예로 가요시장을 살펴보겠다. 예전에는 100만장 이상 팔리는 히트곡이 있어서, 대다수 시민들이 그 노래를 부를 줄 알았다.

이제는 다르다. 설령 100만 장 이상 팔렸더라도 당신이 전혀 모르는 곡이 있을 것이다. 100만 회 이상 다운로드된 곡임에도 당신이 전혀 알지 못하는 곡이 오히려 많을지도 모른다.

왜 이런 일이 생길까? 세상이 다양해졌기 때문이다.

세상은 정말로 많이 변했다. 이 사실을 하루 빨리 인식해야 한다.

'이 상품의 타깃은 30대 여성'이라는 식의 접근으로는 절대 팔 수가 없다. 좀 더 구체적으로 전달하고 싶은 상대를 상상해야만 한다.

고객이 될 사람들은 어떤 가치를 요구하는가? 어떤 동기로 나의 상품을 사게 될까? 끊임없이 질문하고 상상하라. 그것을 알 수 있다면, 메시지를 전달하는 일은 비교적 간단해진다.

05 대히트 상품 '소라벤'은 개발자 자신을 위해 만들어졌다

'원조 하네다공항 한입 약밥'이라는 상품이 있다. 공항에서 팔고 있기 때문에 '소라벤空弁(하늘도시락)'이라고도 불린다. 역에서 파는 것을 '에키벤駅弁(역도시락)'이라고 하니, 공항에서 파는 것은 소라벤. 나는 이 제품의 네이밍과 패키지를 만드는 일에 관여했다. 여러 고민과 편집을 거친 끝에 '한입 약밥'을 하네다공항 '소라벤'들 중 가장 인기 있는 상품으로 만들었다.

애초 상품을 개발한 사람은 이 회사의 여성 전무인 오쿠다 씨. 그녀는 사실 자기 자신을 위해 이 상품을 개발했다. 그녀에게 딱 필요한, 그녀가 먹고 싶은 상품이었던 거다.

40세 여성 관리직, 출장이 많은 오쿠다 씨는 혼자서 하네다공항을 자주 이용해왔다. 다만 공항에서 혼자 도시락을 먹는 것은 좀 부끄럽고 불편했다. '비행기에 오르기 전에 간편하고 맛있게 먹을 수 있는 제품은 없을까?' 비행기를 기다릴 때마다 오쿠다 씨는 혼자 생각했다. 그러다 생각해낸 게 약밥이었다.

처음 지은 이름은 '마츠자카규 한입 약밥'이었다. 내가 "하네다공항 이외에도 판매합니까?"라고 물으니, 회사 담당자는 하네다공항에서 만 판매할 예정이라고 했다. 그 다음엔 누구에게 먹이고 싶은가를 고민했다. 하네다공항에 와서 도시락을 사는 사람이라면, 당연히 곧 비행기에 오를 사람들이다. 나아가 이 약밥은 하네다공항에서만 파는 것이니까 '하네다공항'이라는 단어를 쓰는 것이 효과적이다. '하네다 공항'이라는 이름이 붙으면 무엇보다 이 공항을 이용하는 사람들에게 각별한 느낌을 불러일으킨다. 그렇게 해서 '하네다공항 한입 약밥'이 라는 이름이 정해졌다.

다음은 포장의 디자인. 상품 패키지 자체를 판촉물로 이용한다는 발상으로 고민했다. 상품이 매장에 진열되는 것만으로 많은 사람들의 눈에 띄기 때문에, 패키지가 고객에게 정보를 전달하는 매체가 된다. 상품 그 자체를 POP로 사용하기로 한 우리는 박스 측면에 '비행기에 오르기 직전, 탑승 게이트 근처 벤치에서 간단히 먹을 수 있는 약밥'임 을 명시했다. 상품의 용도를 분명하고 알기 쉽게 설명한 것이다.

혼자 출장이 잦은 여성을 위한 상품입니다. 비행기에 오르기 직전, 게 이트 옆 벤치에서 간단히 식사하고 싶은 비즈니스우먼을 위한 약밥. 먹기 쉽도록 낱개 포장되어 손이 더럽혀질 염려도 없습니다.

나아가 혼자서 먹을 때, 무언가 읽을거리도 있으면 더욱 좋을 거라는 데 생각이 미쳤다. 그래서 패키지를 열면 보이도록 안쪽에 작은 인쇄물을 넣었다. '약밥과 찐밥의 차이, 알고 계십니까?' 같은 관련 지식 말이다.

　그렇게 하고도 뭔가 심심하다는 생각이 들었다. 그래서 읽고 있는 사람이 행동을 하도록 유도했다. '의외로 모르고 있는 하네다공항 상세 지식은 아래 [QR코드]로.' 연간 50만 개 패키지가 고객의 손에 들리는 상품이었다. 이를 촉진활동에 활용하지 않을 이유가 없었다.

　그 결과 이 제품은 하네다공항에서 가장 잘 팔리는 '소라벤'이 되었다. 전달하고 싶은 상대를 구체적으로 상정한 덕에 가치를 전달하기가 수월해진 것이다.

· ·

지금껏 당신이 알고 있던 타깃의 개념은
이제 아무런 쓸모가 없어졌다.
서로 다른 개성을 지닌 사람은 과녁이 아니기 때문이다.

06 전단지 하나 바꿨을 뿐인데, 수영 강좌 순식간에 완판!

여름방학 기간 중 운영되는 수영스쿨의 전단지 이야기다.

'여름방학 어린이 단기 수영스쿨.' 홋카이도에서 디자이너로 활동하는 가메이 씨가 제작한 전단지이다. 여름방학 기간 동안 이 스쿨에 다니면 2학기가 시작할 무렵에는 수영을 잘하게 된다는 게 그 골자다.

가메이 씨는 이 회사의 수영스쿨 전단지를 매년 만들어왔다. 그러나 나의 책을 읽은 후 "아, 전달해야 할 내용을 잘못 잡았구나." 하고 무릎을 쳤다. 수영스쿨의 전단지는 엄마들이 보는 것이다. 초등학생 자녀를 둔 엄마를 상대로 보내는 전단지. 그렇다면 그는 문구를 어떻게 바꾸었을까?

대부분의 스쿨은 '여름방학 동안 우리 스쿨에 오면, 수영을 잘할 수 있게 됩니다.'라는 내용을 주로 강조한다. 지금까지 가메이 씨가 만들어오던 전단지 역시 마찬가지였다. 그러나 엄마들은 우리아이가 수영을 잘한다는 사실 자체로는 그다지 신나거나 즐거워하지 않는다. 아

둘 다 아이들을 대상으로 하는 수영스쿨의 전단지이다. 순식간에 수강신청이 마감된 곳은 (2)번 전단지. '아이를 가진 부모의 바람'을 명확하게 전달하고 있다.

이가 수영을 잘할 경우 어떤 기쁨과 즐거움이 따르는지를 알아내 전달하는 것이 그래서 중요하다.

고민하던 가메이 씨는 아내에게 물어보았다.

"우리 아이가 수영을 잘하게 되면, 어떤 좋은 일이 생길까?"

가메이 씨에게도 아이가 있고, 수영스쿨에 보낸 적도 있었다. 그는 아내의 의견이 궁금해졌다. 아내는 아이가 수영을 잘할 수 있게 된 이후 일상생활에서도 자신감이 생겼다고 들려주었다.

초등학생 시절에는 무언가 하나라도 체육 쪽에 특기가 있으면, 친구들 사이에서 영웅이 되기 쉽다. 따라서 달리기를 잘하든지, 철봉을 잘하든지, 수영을 정말 잘할 때, 교우관계에서도 자신감이 생긴다. 그 덕에 친구가 늘고, 왕따 걱정으로부터도 자유로워진다. 상승효과로 공부까지 잘하게 되는 일도 종종 생긴다.

'그렇구나! 수영을 잘하면, 교우관계에 자신감이 생겨 친구도 많이 사귈 수 있겠구나.' 바로 이런 시나리오가 필요하다는 걸 가메이 씨는 깨달았다. 그리고 다시 만든 전단지가 다음과 같은 캐치프레이즈였다.

해냈다~!!
우리들은 자신감 넘치는 팀이다!!
학교 수영 수업이 기대된다!!

과거 전단지를 뿌려도 정원의 절반 정도만 채워졌다. 그런데 새로 만든 전단지를 뿌리자마자 그야말로 순식간에 강좌가 마감이 되었다고 한다. 정보 수신자를 명확하게 파악한 뒤 그들의 관심사에 맞게 새로 편집해 홍보한 덕이다.

새와 작가와 하이볼,
평범한 상품에 이야기를 입히다

'새와 작가와 하이볼'이란 말을 들으면, 무엇이 연상되는가?

실은 후쿠오카 하카타에 있는 식사 가능한 바 '애프터 더 레인'의 헤드카피이다. 좁은 골목 안에 자리잡은 가게로, 입구에 간판이 있지만 모르는 사람은 찾아가기 쉽지 않다. 그러나 이곳은 '새' '작가' '하이볼' 세 가지 요소를 통해 매우 가치 있는 장소가 되었다.

음료 메뉴를 보면, 32종류의 하이볼을 판다. 남자 하이볼, 여자 하이볼, 인생 하이볼, 청춘 하이볼, 하이볼 오로시, 하이볼 레드블루, 하이볼 마카 등등. 32종류 하이볼을 제패하면 '33하이볼'이 무료로 증정된다. '33하이볼'은 비매품이다. 32종류 하이볼을 전부 마시지 않으면 마실 수 없는 메뉴.

카운터 머리 위쪽에 장식되어 있는 것은, 99하이볼러 인증서.

이곳에서 파는 32종류를 제패한 뒤 33하이볼을 3회 마셨다는 뜻이다. '33하이볼러' '66하이볼러' '99하이볼러'가 있는 것이다. 고객과 '놀이를 하면서' 관계성을 만들어가는 재미있는 구조다.

더욱이 특이한 건 '하이볼 문고'이다. 가게에 들어서면 소설이 가득 꽂힌 책장이 눈길을 사로잡는다. '하이볼 문고'라고 쓰여진 책장에는 수많은 사람들의 갖가지 마음이 담긴 책들이 꽂혀 있다.

당신의 손에서 누군가의 손으로 여행하는 책을 더해주세요.
그 사람이 남기고 간 마음을 독파하고,
다시 이곳으로 갖고 오시는 분들께는 한 잔 서비스.
책을 한없이 사랑하는 After the Rain으로부터의 선물입니다.

이곳의 음료 메뉴도 재미있지만, 음식 메뉴가 더 감동적이다. 작가와 작품으로 메뉴를 구성한 것이다.

작가 메뉴 이케나미 쇼타로
오리고기 계란덮밥 800엔
아코로오지赤穂浪士가 습격 전날 밤에 먹었던 덮밥

작가 메뉴 무라카미 하루키
콘비프 샌드위치 650엔
소설《바람의 노래를 들어라》에서,
자몽만한 큰 가슴을 가진 여자가 다가온 무더운 여름밤에….

《바람의 노래를 들어라》는 무라카미 하루키의 데뷔작이다. 개인적으로 너무나 좋아해서 학생시절 몇 번이고 읽었던 작품이다.

이 메뉴를 보고 있자니, 나도 모르는 사이 옛 추억에 젖어들었다. 지금도 선명하게 기억난다. 소설 속 주인공이 J's Bar의 마스터와 이야기하고 있을 때, '자몽만한 가슴을 가진' 여자가 들어왔다. 그때 주인공 남자가 주문한 것이 바로 콘비프샌드위치였다. 그 메뉴를 본 순간, 나는 망설이지 않고 "콘비프 샌드위치 주세요."라고 주문을 했다. 그러나 사실 나는 콘비프를 싫어한다.

상품이 아니라 스토리로 승부한다

생각해보라. 싫어하는 음식임에도 불구하고 메뉴의 이름 하나에 끌려 바로 주문을 하게 된다면, 엄청난 일 아닌가? 50년 넘게 살면서 한 번도 먹고 싶다는 생각을 해본 적 없는 음식인데, 나는 그 가게에서 처음으로 콘비프를 먹었다. 그냥 '콘비프 샌드위치 650엔'이라고 적혀 있었다면, 절대로 주문하지 않았을 것이다. 절대로!!

메뉴의 표현 방법 하나로 새로운 가치가 만들어진 것이다.

'에프터 더 레인'의 가치 창출 방법이란, 특별히 어려운 것도 아니다. 단지 주인이 작가와 소설을 좋아하기 때문에 가능했다. 메뉴에 들어간 작가 이름을 주욱, 훑어보면 무라카미 하루키, 이케나미 쇼타로, 이타미 주조…. 주인의 취향과 일정한 노선을 드러낸다. 자신의 취향을 전면에 내세운 덕에 그에게 공감하는 사람들이 찾아오면서 유명세를 탄 것이다.

• •

상품을 바꾸는 것이 아니라, 자신이 가진 무언가와 조합하여
선택받을 수 있는 이유를 만들어내는 것.
그것이 '편집력'이다.

그럼 '새'는 뭘까? 주인이 닭요리를 잘한다는 뜻이라고 한다.

이곳은 요리 자체의 가치보다 요리를 둘러싼 주변 정보로 독자적 가치를 만들어내는, 매우 매력적인 가게이다.

08 네 줄짜리 손글씨 홍보판으로 매출 30퍼센트 껑충!

가진 돈이 그리 많지 않더라도, 당신이 보유한 훌륭한 상품과 서비스를 파는 것은 충분히 가능하다. 지금 판매가 신통치 않다면, 당신이 고객에게 그 매력을 제대로 전달하지 못했기 때문이다. 당신이 제품에 대해 지닌 애정을 정확하게 전달하는 것만으로도 상황은 많이 달라질 수 있다. '우리에게는 이런 것이 있습니다.'라는 간단한 홍보조차 하지 않는 회사나 가게가 너무 많다. 보석 같은 가치를 쌓아두고도, 그것을 고객에게 알리지 않는 꼴이다.

가나자와에서 스시 체인점을 운영하는 회사의 사례이다. 이곳의 판촉 담당자는 나의 세미나에 참가한 뒤 비로소 자신들이 고객에게 제품의 가치를 제대로 전달하지 못하고 있다는 사실을 알게 되었다. 그래서 가나자와역에 자리잡은 카운터테이블만 있는 점포 앞에 칠판을 설치해 손글씨로 다음과 같은 문구를 썼다.

서두르는 분들도, 20분이면 가나자와를 만끽!

여성분 혼자 오셔도 대환영!

희망하시는 분들께는, 점장의 재미있는 잡지식 제공(무료)!

망설이지 말고 편하게 들어오세요!

고작 이 문장을 써서 보여주는 것만으로, 매출이 30퍼센트나 상승했다. 자신들이 이미 갖고 있는 것을 매력적으로 드러내는 것만으로 놀라운 변화를 이끌어낸 것이다.

당신 안에 아무리 훌륭한 가치가 있어도, 그걸 알려주지 않으면 고객은 발견할 도리가 없다. 돈을 들이지 않고 '있음'을 제대로 드러내는 것만으로 매출을 올리고 가치를 극대화할 수 있다.

• •

당신의 상품 가치를 제대로 전달하고 있는가?

우리가 구비한 상품을 고객은 얼마나 알고 있는가?

그걸 모른다면, 사줄 리가 없다.

지금 내가 가진 상품, 서비스, 회사, 브랜드를 전부 체크해보자. 상품과 회사를 찬찬히 살피다 보면 개성적인 색채가 새롭게 드러나고, 새로운 판매 방법도 발견할 수 있을 것이다.

'누구나 할 수 있는 것을, 누구도 하지 못할 정도로' 했을 때….

내가 운영하는 에크스마 아카데미를 찾는 사람은 대부분 경영자들이 지만, 회사원도 적잖다. 아이치현에 있는 통신판매대행업체 '주식회사 아이케이'에서 기획영업을 담당하는 이시카와 씨. 아카데미에서는 '잇 시'라는 별명으로 불린다.

그는 아카데미 관련자들 안에서는 매우 유명하다. 블로그와 SNS 업 로드를 매일, 그것도 지속적으로 기꺼이 해나가기 때문이다. 그것은 아카데미생들의 블로그 링크집 '에크스마들이 있는 곳'과 세미나에 참 가한 학생들이 올린 블로그 기사 링크집 '에크스마 프레스'이다. 이것 만으로 이시카와 씨는 영향력 있는 인물이 되었다.

내가 블로그를 시작한 것이 2010년. 그와 동시에 많은 학생들도 블 로그를 시작했다. 그 전까지 학생들끼리는 세미나에서 교류하는 정 도였지만 블로그를 통해 학생들의 교류가 한결 활발해졌다. 이시카와 씨 역시 세미나에서 만난 학생들과 블로그로 교류하기 시작했다. 그러나 명함 교환을 했더라도 누가 누군지 잘 알 수 가 없었다(학생들 끼리는 별명으로 불리고 있기 때문이다). 그러자 이시카와 씨는 자신의 블로그에 학생들의 블로그를 기록해두기로 했다. 잊어버렸을 때 그것을 보면 되도록 말이다. 나아가 자신처럼 잊어버린 사람이 있다면 그 블로그를 보면 된다는 생각 아래 링크집을 만들었다.

처음에는 학생들의 블로그를 모으는 일이 쉽지 않았다. 그때 내가 "블로그를 하고 있다면 잇시에게 말하면 돼."라고 소개하면서 많은 사람들이 이시카와 씨의 블로그 링크집을 알게 되었고, 졸업한 학생들까지 이시카와 씨에게 연락을 해왔다.

이 '에크스마들이 있는 곳'이라는 학생 블로그 링크집은 접속수가 점점 늘더니, 학생들뿐만 아니라 우리 아카데미에 대해 궁금한 사람들까지 찾는 사이트가 되었다. 그리하여 나중에는 학생들이 여기에 게재되는 것을 영광스럽게 생각하기에 이르렀다.

한편 학생들이 세미나에 대해 올린 글이나 관련 기사를 모아둔 블로그 링크집이 '에크스마 프레스'이다. 이것을 만든 이유가 있다. 이시카와 씨가 업무 때문에 세미나에 자주 참석할 수 없었던 것이다. 자신이 참석하지 못한 세미나에 대해 조금이라도 더 알고 싶었던 그는 직접 참가한 사람들의 블로그를 찾아보거나 기사를 읽고 있었다고 한다. 그러다 보니 '이런 자료를 다른 사람들도 보면 좋아할 것' 같다는 데 생각이 미쳤다. 자신처럼 세미나에 참가하지 못하는 사람들도 많을 테니까.

처음에는 쉽지 않았을 것이다. 누가 세미나에 참가했는지 알기 위해서는 결국 본인이 일일이 확인하고 찾아다녀야 했으니 말이다. 그 후 SNS가 보급되고 페이스북과 트위터에서 세미나 참가자를 알 수 있게 되면서, 그 부분은 훨씬 수월해졌다.

그 작업의 결과물은 상상을 초월할 정도로 호평을 받았다. 세미나에 참가하지 못한 사람들은 물론, 직접 참가해 블로그 기사를 올린 사람들로부터도 "고맙다."는 감사인사를 받을 정도였다. 이곳에 올라온 자료들은 SNS를 통해 더 많은 사람들이 공유하고, 우리 아카데미 학생뿐 아니라 일반인들까지 보기 시작했다.

그러자 재미있는 현상들이 일어났다.

- 이시가와 씨가 '에크스마 프레스'를 만들기 전에는 세미나에 참가한 학생들이 블로그에 기사를 올렸다. 기사를 올리고 나면 이시가와 씨에게 그 사실을 알려주는 사람이 생겼다.
- '에크스마 프레스'를 작성한 후부터 "늦어서 미안합니다."라고 사과하면서 블로그 링크를 메시지로 보내주는 사람이 생겼다.
- 블로그 기사가 게재되면 "드디어 게재됐다."라며 좋아하는 사람들이 생겼다.

상상도 못한 곳에서 좋아해주는 사람들이 생기고 대신 움직여주는 사람이 나타난 것이다. 에크스마 학생이 세미나에 참가하면 블로그를 써야 한다는 강제조항은 없다. 그럼에도 '잇시가 에크스마 프레스를 만들고 있으니까.'라고 생각하면서 세미나에 관해 기록하는 사람들이 늘어났다. 이시카와 씨가 자발적으로 나선 일이 지금은 매우 높은 가치를 창출하게 된 셈이다. 당연히 이시카와 씨의 블로그 독자나 SNS 팔로워도 증가했다. 이제 사람들은 세미나 등에서 이시카와 씨를 만나면 하나같이 "잇시, 항상 고마워요." "함께 사진 찍어주세요." "드디어 만났네요."라고 인사한다. 유명인이 된 것이다.

널려 있는 정보를 자신만의 개성으로 필터링하고 편집

'에크스마들이 있는 곳'과 '에크스마 프레스'의 공통점은 편집이다. 에크스마 정보를 모으는 것만으로도 관심 있는 사람과 관계자들에게 즐겁고 가치 있는 공간을 제공한 셈이다. 그러나 중요한 것은 단순히 블로그를 소개하는 데 그치지 않고 그만의 시점으로 필터링해서 그답게 편집을 했다는 점이다.

세미나 사진을 선택할 때에도, 소개하는 블로그 순서도, 그는 구독자들을 고려하면서 정했다. 블로그 소개글이나 편집된 기사, 안내문에는 그가 이 블로그에 기울이는 정성스런 수고가 묻어난다. 무엇보다 이시카와 씨의 착하고 온화한 성품이 그대로 드러난다.

　이렇듯 누구나 할 수 있는 일을 누구도 못할 정도로 하면, 거기서 가치가 생긴다. 블로그 링크집 같은 것은 마음만 먹으면 누구나 할 수 있는 일이다. 그럼에도 이런 귀찮은 일을 아무도 하지 않기 때문에 독보적인 가치를 창출했다.

• •

누군가가 기뻐할 일을 계속해서 한다.
그것이 언젠가 상상할 수 없을 정도의 재산이 된다.

　이것은 누구에게든 공평하게 주어진 커다란 기회이다.

총정리

- 편집=이미 있던 상품에 새로운 의미를 부여한다.

- 고객은 모르는 것을 사지 않는다.

- 고객이 있는 곳을 정확하게 찾아낸다.

- '체험'의 본질을 생각한다.

- '당신의 필터링'이 재산이 된다.

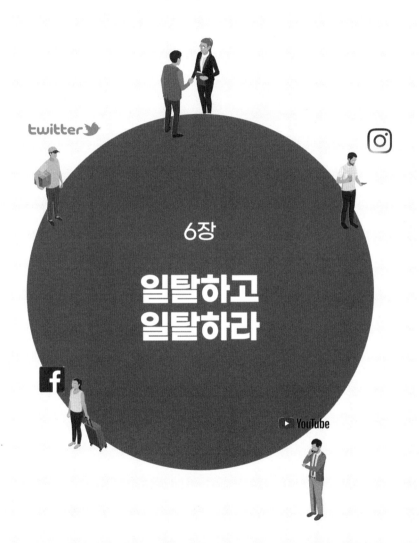

twitter

6장

일탈하고
일탈하라

YouTube

과거의 상식이나 편협한 사고를 고수한다면

세상과의 격차는 점점 더 벌어질 뿐이다.

가치의 기준을 바꿔야 한다.

이것이 가능한 사람이라야 원하는 인생을 즐길 수 있다.

상식에서 일탈을 시도하는 것이야말로 '자유'로 가는 길이다.

01 상식의 눈으로는 보이지 않는 세상

세상을 충격에 빠뜨렸던 아이폰이 등장한 지도 벌써 10년이 훌쩍 넘었다. 스마트폰이 등장하면서 세상은 격변했다. 모든 사람들이 슈퍼컴퓨터를 몸에 지니고 다니게 된 셈이다.

이제 우리는 24시간 언제든 누군가와 연결된 세상을 산다. 언제 어디서든 쇼핑을 할 수도 있다. 만나는 장소도 그때그때 정하면 되고, 길을 잃을 염려도 사라졌다. 해외여행을 가서도 언어로 인한 어려움을 겪지 않으며, 언제나 고성능 카메라와 비디오를 손에 쥐고 다닌다. 초보자라도 스마트폰 사진을 프로처럼 찍고 가공할 수 있으며, 영상 편집도 쉬워졌다. 그뿐인가? 전 세계로 무료 생방송을 할 수 있는 수단도 생겼다.

"미래는 이미 여기에 와 있다. 아직 균등하게 배분되지 않았을 뿐."

이렇게 말한 사람은 미국의 SF작가 윌리엄 깁슨이다. 그의 말처럼 스마트폰을 가진 사람과 그렇지 않은 사람 간 큰 격차가 벌어지고 있다. 아이폰의 등장은 경이로운 속도로 우리 삶을 변화시켰다. 사람들의 삶을 변화시켰다는 것은, 세상의 형태를 바꿨다는 뜻이다. 게다가 그 변화에는 더욱 더 가속도가 붙고 있다.

SNS, 상시접속, 위치정보, IoT(사물인터넷)…. 이들 테크놀로지 간의 울타리가 사라져 서로 뒤섞인 뒤 스마트폰이라는 가젯(도구)으로 집약되고 있다. 이는 우리의 삶을 새롭게 하는 혁명이자 세상을 바꾸는 혁명이기도 하다.

• •

세상의 형태는 급속도로 바뀌고 있다.
그러므로 일의 형태와 마케팅 개념,
어쩌면 경영 그 자체의 개념까지,
바뀌지 않으면 안 되는 시대다.
과거의 연장선상에서 사고방식을 살짝 바꾸는 걸로는
전혀 의미가 없다.

비즈니스 상식이나 업계의 주류문화만을 생각하면, 시야가 좁아지고 만다. 주류문화 안에 안주하면 당장은 안전할지 모른다. 그러나 그곳에서 새로운 생각이나 아이디어는 싹트지 않는다. 기껏해야 경쟁자들도 알고 있는 뻔한 것, 그런 아이디어는 가치가 없다.

··

새롭고 획기적인 아이디어를 만들어내기 위해서는,
주류 문화로부터 과감히 일탈할 필요가 있다.

  늘 보던 주변 사물의 위치를 조금만 바꿔도 풍경이 확 달라진다. 상식의 틀에서 벗어나 지금까지 배제되어온 시점을 소중히 여겨야 한다. 문화와 예술적인 관점, 쓸모없다고 여겨지던 것들을 적극적으로 취해보는 것도 새로운 가치를 만들 수 있는 좋은 방법이다.

  사소한 것을 배제하지 않고, 쓸모없는 것들을 허용하는 것만으로도 많은 선택지가 생긴다. 효율성만 따지던 지금까지의 개념과 관점으로는 살 수 없는 시대가 되었으니 말이다.

02 후지필름의 파격적 일탈

골프업계와 오토바이업계에서도 나는 종종 강연 의뢰를 받는다. 이 두 업계 사람들이 공통적으로 하는 말이 있다. '인구가 무서운 속도로 줄고 있다'는 것이다.

일본에서는 골프를 하는 사람도, 바이크를 타는 사람도 점점 감소하는 추세이다. 이는 시장이 축소된다는 의미다. 쇠퇴업계의 상식을 따른다면, 인구가 줄어들고 있으니 시장이 함께 쪼그라드는 것은 어쩌면 당연한 이치다. 그렇게 되지 않기 위해서는 기존의 틀을 벗어난 발상을 해야만 한다.

이런 사회구조에 위기감을 느끼며 나를 찾은 그 고객은 업계의 상식으로부터 벗어나기 위해 에크스마를 도입했다. 뻔하지 않은 가치, 업계의 잣대와는 다른 가치를 찾기 위해서 말이다.

시대의 흐름보다 늦은 개혁은 의미가 없다

1장에서 설명한 '코닥'의 이야기를 기억하는가? 130년 역사를 가진 점 유율 1위 기업이 개혁조차 시도하지 못한 채 도산해버린 상징적인 사 건 말이다. 한편 후지필름이라는 회사가 있다. 코닥과 달리, 후지필름 은 가장 많이 팔리는 상품에 연연하지 않았다. 2000년 당시, 사진필름 과 DPE 매장에서 사용하는 약품(사진필름 관계) 및 인화지 등이 후지필 름 전체 매출의 54퍼센트 가량을 차지하고 있었다. 영업이익의 70퍼 센트가 여기서 발생했다.

그러나 시대가 변하면서 이 부문 매출이 제로가 되는 날이 올 거라 고 그들은 예측했다. 사진 필름 수요는 2000년에 정점을 찍은 직후 디 지털카메라 등장과 함께 급전직하했다. 대변화의 조짐을 예감한 후지 는 이른 단계에서 위기감을 가지고 회사 체질을 바꿨다.

눈여겨볼 점은 가장 많은 이익을 내던 상품에서 벗어날 준비를 했 다는 사실이다. 가장 많이 팔리고, 가장 이익이 큰 상품이 세상에서 사라졌을 때 회사는 어떻게 살아남을 것인가? 이 질문에서 시작해 필 름 이외 상품을 개발하기로 했다. 그동안 후지가 축적한 기술과 판매 점 네트워크, 고객 회사의 자산을 효과적으로 활용할 방법을 모색하 기로 했다. 이러한 대전제 아래 후지는 무서운 속도로 개혁을 단행했 다. 시대의 흐름보다 늦은 개혁이란 의미가 없기 때문이다.

그래서 지금 후지필름은 어떻게 되었을까? 사진필름 매출은 1퍼센트까지 뚝 떨어졌다. 반면 컴퓨터, 텔레비전, 스마트폰 등 다양한 전자기기의 액정화면 안에 후지의 특수 필름이 들어가 빛과 색을 아름답게 밝혀준다. 이 필름 점유율이 무려 전 세계 70퍼센트에 이른다.

이뿐만이 아니다. 안티에이징 화장품 '아스타 리프트 시리즈'도 개발했다. 필름을 산화시키지 않는 기술을 피부에 응용한 것이다. 사진 필름을 만들기 위한 나노테크놀로지도 후지필름이 잘하는 기술이다. 그것을 이용해 복용 후 보다 빨리 효과를 내는 약품도 개발하고 있다.

필름 기술과 거기서 일하는 사람들의 지적 노하우를 얼마나 새로운 분야에 활용할 수 있을까? 이러한 대전제 아래 과감하게 감행한 일탈적 사고가 회사를 성공으로 이끈 셈이다.

03 ◀ 손에 쥔 상식의 잣대를 던져버려라

아침에 엘리베이터에서 만나는 같은 아파트 주민에게 "안녕하세요?" 하고 인사를 하면, 기분 좋게 마주 인사하는 사람과 무시하는 사람 등 여러 부류가 있다. 나는 상대가 무시하더라도 그다지 신경 쓰지 않는 다. "내가 먼저 인사했는데 무시해? 다시는 먼저 인사하나 봐라."라며 마음 상하지 않는 것이다. 내가 자연스럽게 인사를 하고 싶은 것뿐이 고, 설령 상대가 무시하더라도 반드시 전달되었다고 믿는다.

사람들은 저마다의 잣대에 따라 살아간다. 모두가 자신이 지닌 상 식의 잣대 아래 일하고 생활한다. 그 상식의 잣대 역시 서로 다를 확 률이 높다.

이웃에게 인사를 하는 것이 상식이라고 믿는 사람이 있는가 하면, 모르는 사람과는 엮이지 않는 게 상책이라고 생각하는 사람도 있다. 그것은 좋고 나쁨의 문제가 아니다.

다만 우리가 흔히 '상식'이라는 말을 떠올릴 때 잊지 말아야 할 매우 중요한 시점이 있다. 당신이 상식이라 생각하는 것은 결코 절대적인 가치가 아니다. 이 점을 망각하면 곤란해진다.

상식을 파괴한 자리에만 혁신이 싹튼다

앞서 말한 것처럼, 지금 시대는 일탈하는 것이 미덕이 되고 있다. 일탈이라는 말을 들으면 뭔가 꺼림칙하게 여겨질지도 모르겠다. 우리는 상식을 누구나 '반드시' 지켜야 하는 절대선이라고 믿는 경향이 강하기 때문이다.

상식 안에서 사는 것은 어떤 의미에서 편할 수 있다. 지금까지 상식선에서 생각하고 행동하는 것은 곧 안락, 안전, 평온을 가져다주는 전제조건이었다. 그러나 지금은 정보가 넘쳐나고, 물건이 넘쳐나고, 기술이 진화하고, SNS가 인프라처럼 되어버린 시대다. 비즈니스 환경이 혁명적으로 변하고 있다. 이런 현실에서 상식적인 문맥으로만 비즈니스를 생각한다면, 새로운 혁신은 탄생하지 않는다.

• •

신념을 맹종하지 말 것.
익숙한 것들과 과감하게 결별할 것.
주저하지 말고 새로운 세상으로 뛰어들 것.

스스로 믿고 있는 가치체계나 상식이 '절대적'이라고 생각하는 것이야말로 엄청난 리스크이다. 상식의 눈으로만 보면 선택지는 줄어들고, 변하는 세상을 돌파할 타개책은 나오지 않기 때문이다.

과거의 가치 기준에서 과감히 일탈하는 용기가 필요하다. 이런 변화를 감행할 줄 아는 사람만이 진정으로 행복하고 '자유'로운 인생을 향유할 수 있다.

04 ‹ '시간을 낭비하듯 쓴다'는 역발상

우리 회사의 고객 중에 '마리노아 리조트 호텔'이 있다. 후쿠오카공항에서 택시로 30분. 바다가 보이는 결혼식장을 갖춘, 후쿠오카 시내의 호텔이다.

업무상 늦은 밤에 후쿠오카에 도착할 때마다 나는 이 호텔에서 시간을 보낸다. 바다 풍경을 조망할 수 있는 객실. 발코니나 욕실에서도 바다를 바라보게 만들어져서 떠오르는 아침햇살을 받으며 샤워를 할 수가 있다. 조식은 레스토랑에서 먹을 수 있지만, 룸서비스도 가능하다. 별도의 요금 없이 말이다. 그날, 나는 오전 10시에 조식서비스를 예약해두었다. 덕분에 느지막이 일어나 창밖으로 펼쳐진 그림 같은 풍경을 바라보며 여유롭게 식사를 했다. 비즈니스 미팅은 오후 1시였으므로, 풍요로움마저 감도는 여유로운 시간이었다.

현대인은 대개 바쁘다. 그렇기 때문에 '여유롭게 시간을 갖는다'는 키워드로 상품의 가치와 개성을 살린다면 그 효과가 두드러질 것이다.

'시간을 낭비하듯 쓴다'는 풍요로운 발상

편하게 혹은 여유 있게, 풍요로운 시간을 보낸다는 콘셉트를 적용할 만한 서비스를 떠올려보면 뭔가 재미있는 결과로 이어질지도 모른다. 새로운 가치이기 때문이다. 료칸과 호텔, 이동수단 등과 같은 여행 관련 상품은 이런 콘셉트가 잘 먹혀들 수 있다.

또 다른 우리 고객사 호텔이 있는 홋카이도 아칸코阿寒湖. 국가지정 특별천연기념 녹조식물인 '마리모'로 유명하다. 이곳의 관광선이 아칸코를 주유해 마리모가 보호받는 섬까지 갔다가 마리모를 보고 돌아오는 데는 1시간 30분 정도가 소요된다. 유유자적 배를 타고 작은 섬에 가서, 평소라면 할 수 없는 체험을 하며 여행의 정취를 만끽할 수 있다. 여행만의 개성적인 가치를 만들어내는 것이다.

그런데 특이한 점은 관광선 중에 좀 더 빠른 배도 있다는 사실이다. 쾌속선을 타면 같은 코스를 1시간 안에 돌아볼 수 있다. 1시간 30분 걸리는 배보다 요금은 조금 더 비쌌다. 의문이 들었다. 여행사에 물어보니, 1시간 30분이 걸리면 관광투어 코스에 넣기가 어려워 1시간 안에 돌아볼 수 있는 배를 만들어 달라는 요구가 많았다고 한다.

한정된 시간 안에 많은 관광지를 돌아보는 투어라면, 그런 효율성을 추구하는 게 맞을지 모른다. 그러나 내가 보기에는 그리 멋진 비즈니스는 아닌 듯했다. 관광이니까, 좀 더 천천히 여유 있게 둘러보기를 바라는 사람도 적지 않을 테니 말이다. 오히려 2시간, 3시간으로 늘려서 크루즈를 진행하면 더 효과적인 비즈니스를 창출하지 않을까?

당장의 경제효율만 따진다면, 바보 같은 소리로 들릴지 모른다.

그러나 한 번쯤 신중하게 고려해볼 필요가 있다. 가령 배 안에서 맛있는 식사를 하거나, 아이누 전통음악을 라이브로 연주하거나, 무인도에서 한가로이 음료를 마시면서 바다소리와 새소리를 듣는 시간을 누리도록 하거나…. 그렇게 아이디어를 떠올리다 보면 여행의 가치를 극대화하는 멋진 서비스가 탄생할지도 모를 일이다.

지금 비즈니스를 하는 사람들은 엉뚱한 생각 자체를 배제하는 경향이 높다. 모두 같은 발상으로 사업을 한다. 당장의 효율성과 합리화만 우선시하다 보니 재미도 없고, 의미도 퇴색된다.

● ●

틀에 박히지 않은 사고,

상식에 얽매이지 않은 행동,

자동적으로 생각하지 않는 습관,

이 세 가지가 가능하다면, 당신도 압도적인 존재가 된다.

'시간을 낭비하듯 사용한다'는 관점 아래 당신의 서비스를 다시 한 번 점검해보라.

05 손님을 가게 안에 오래 머물도록 유도할 것

1장에서 소개한 해피약국의 하시모토 씨가 재미있는 이야기를 들려주었다. 일본 각지 쇼핑센터에 입점한 의류매장 중에는 물건을 사고 계산을 마친 손님에게 구입한 상품을 곧장 건네주지 않는 곳이 많다. 점원이 쇼핑 백을 든 채 "입구까지 안내하겠습니다." 하면서 가게 밖까지 나가 배웅해주는 곳이 많은데, 이게 오히려 역효과를 낸다고 하시모토 씨는 단언했다.

아직 살지 말지 결정하지 못한 채 매장 안을 둘러보고 있을 때에는 소비자 쪽이 심리적으로 약한 처지가 된다. 따라서 점원이 말을 걸면, 쭈뼛거리며 당황하는 심리가 발동한다.

반면 물건을 사고 난 후에는 '나는 이제 고객님'이라는 당당한 마음으로 변한다. 스태프보다 심리적으로 우위에 서게 된다는 의미다. 그럴 때 계산대에서 점원이 나와 고객을 출구까지 배웅하는 행위는 소비 욕구가 잔뜩 높아진 사람을 몰아내는 꼴이라고 그는 말했다.

계산이 끝나면, 상품을 계산대에서 건네며 "밝은 컬러의 여름옷들이 많이 들어와 있으니, 천천히 둘러보세요." 혹은 "올해는 평소보다 일찍 세일을 시작했어요. 좋은 상품들을 많이 할인하고 있으니, 천천히 둘러보고 가세요."라는 식으로 매장을 다시 보게 유도하는 편이 절대적으로 유리하다는 논리였다. 게다가 그런 식으로 고객이 매장을 둘러보도록 유도하면 가게에 대한 소비자의 호감도도 훨씬 높아진다. 오랜 시간 매장 안에 머물수록 그들은 그 장소에 친근감을 느끼기 때문이다.

고객의 체류시간은 매출과 정비례한다

이 이야기를 듣자마자 나는 고개를 끄덕였다. 오랜 시간 소매점을 운영한 베테랑다운 말이었기 때문이다. 나는 내 옷을 직접 산다. 그러므로 매장에서 유사한 경험을 많이 했다. 상품을 구입하고 난 직후 시간이 실은 가장 중요했던 것이다. 편안한 마음으로 다시 한 번 매장을 살피다 보면, 방금 전까지는 눈에 들어오지 않았던 상품이 새롭게 보이기 일쑤였다. 명심하자. 소비욕구가 충만해진 고객들을 스태프가 나서서 쫓아내는 행위는 당장 멈추는 게 좋다.

'체류시간과 소비금액은 정비례한다'는 마케팅 법칙이 있다. 이것은 믿어도 좋은 진실이다. 매장에 머무르는 시간이 매출에 절대적으로 기여하는 것이다. 그러므로 '매장 내 체류시간을 길게 한다'는 콘셉트 아래 매장을 재미난 장소로 설계한다면, 분명 개성이 넘치는 '즐거운 가게'로 거듭날 것이다. 방법은 다양하다. 알기 쉬운 상품 전시를 하거나 생각지 않은 상품을 만날 수 있도록 연출하는 것만으로도 고객의 체류시간을 늘릴 수 있다.

가게 안에 오래 머물게 한다는 것은, 관계성이라는 관점에서 보아도 적극 권장할 일이다. 그런 맥락에서 볼 때 문밖까지 손님을 안내해 배웅하는 것은 다른 가게가 범하는 어리석음을 맹목적으로 따라하는 행위일 뿐이다.

업계의 상식에 얽매이지 않도록 늘 조심해야 한다.

06 우리 모두는 언제든 초보가 되는 세계에서 살아간다

우리는 쉼 없이 변화하는 세계에서 살아간다. 자연계도 인간계도 분주하게 변화한다. 늘 그 자리에 있는 듯 보이는 돌이나 철 역시 실은 매일같이 변한다. 그런 의미에서 보면 세상 만물 그 무엇도 안정적인 것은 없다. 모두 다 불안정한 상태에 놓여 있는 셈이다.

얼마 전, 스마트폰 기종 변경을 했다. 아이폰 신제품이다. 문득 그런 생각이 들었다. 이런 디바이스도 오래 사용하다 보면 고장나는 것은 당연하다. 더욱 놀라운 것은 기기뿐만 아니라 앱이나 소프트웨어도 쓸 수 없게 된다는 사실이다. 업데이트하지 않을 경우 더 이상 사용할 수 없게 되는 것도 많다. 결코 썩거나 열화하지 않을 거라 여겼던 비물질 디지털 세계조차 불안정하다는 의미다.

컴퓨터도 스마트폰도 오래 사용하다 보면 움직임이 느려진다. 앱도 마찬가지다. 최신 프로그램이나 소프트웨어도 모두 다, 시간의 흐름에 따라 열화하는 것이다.

••

우리의 의지와 상관없이,

물질은 매순간 변화하고 있다.

스마트폰의 OS를 업그레이드했기 때문에 다른 것도 업그레이드하지 않으면 안 되었다. 아이폰을 기종 변경하고 나니, 나의 노트북도 업데이트해야만 했다. 이전 아이폰 버전에 맞춰져 있던 상태를 받아들일 수 없었기 때문이다. 우리를 둘러싼 디지털 환경은 점점 더 복잡해지고 있다. 하나를 업그레이드하면, 그것과 연동된 다른 것들도 업그레이드해야만 한다. 평소 부지런히 업데이트를 해두지 않으면, 그것이 쌓여서 파괴적인 불상사가 일어나기도 한다.

테크놀로지 세계는 영원히 계속되는 업데이트의 세계

각종 소프트웨어가 자동 업데이트되는 경우도 있다. 예를 들어 MS Office는 자동 업데이트를 계속한다. 파워포인트와 워드 등은 계속 변하고 있다. 우리는 그때마다 새로운 사용법과 기능을 익혀야 한다.

지금껏 사용해온 기능이 하루아침에 달라져 버리는 바람에, 마치 처음 사용하는 것처럼 작업을 반복해야 할 때도 있다. 누구나 초보가 될 수 있는 세상. 이것이 점점 가속화된다. 영원히 초보자라는 말, 한 없는 업데이트….

그 사이클은 점점 더 짧아지고 복잡해진다. 그리하여 우리는 항상 '초보자'인 상태, 절대로 앞서갈 수 없는 처지가 되어버렸다는 자괴감마저 든다.

그렇다고 시대의 흐름을 멈출 수는 없다. 초보답게 겸허한 마음으로 공부하고 배워나가는 것만이 우리가 할 수 있는 전부다. 뒤처지지 않고 멋진 미래를 체험하기 위해서 반드시 필요한 것이니까.

망상력 키우기

앞으로도 테크놀로지는 가속도가 붙은 진화를 계속할 것이다. SNS, 인터넷, 인공지능, 가상현실, 로봇, IoT(사물 인터넷), 기술적특이점TS: technological singularity. 눈을 뗄 수가 없을 정도로 재미있는 시대가 우리 앞에 성큼 다가온 것이다. 이런 시대에 힘을 발휘하는 것이 바로 '망상'이다. 망상으로 비즈니스 영역이 넓혀질 수 있다는 얘기다.

예를 들어 IoT 세계가 펼쳐진다면 지금 내가 파는 상품과 서비스, 비즈니스가 어떻게 달라질까? 상상을 해보자.

나의 세미나에 참가하는 사람들 중에, 다다미회사와 석재회사 대표가 있다. 그들의 상품이 인터넷과 연결되면 어떤 것이 가능해질까? 그런 생각을 해보는 것이다.

다다미가 인터넷과 연결된다면, 얼마나 재미있는 일들이 일어날까? 고향집에서 홀로 사시는 고령의 부모님이 다다미 위를 걸어다니거나 누우면 자식들에게 메시지가 뜬다. 혹은 다다미가 자동적으로

습도를 감지해 에어컨을 가동시키고, 비를 예측해 세탁물 위에 지붕을 씌워주는 건 어떨까? 상상력에는 한계가 없다.

가령 석재상의 상품에 칩을 넣어 '무덤'이 인터넷으로 연결된다면 묘의 현재 상태는 어떤지, 최근 누가 그곳에 다녀갔는지를 알 수 있을 것이다. 무덤을 찾아갔을 때, 돌아가신 할머니의 생전 모습이 스마트폰에서 재생되는 등 재미있는 상황들을 얼마든지 상상해볼 수 있다.

소바집의 식기와 젓가락이 인터넷과 연결되어 있다면?

미용실 가위가 모두 인터넷과 연결되어 있다면?

약국의 약이 인터넷과 연결되어 있다면?

실현 가능한 것이든 아니든 상관없다. 설령 실현 불가능하더라도, 생각해보는 것과 망상하는 것 자체에 의미가 있다. 거기에서 더 재미있는 일들이 생기거나 새로운 비즈니스 힌트를 얻기 때문이다. 망상력이 앞으로의 비즈니스에서 성공하는 키워드로 부상할 것이다. 그러니 즐거운 마음으로 망상 훈련을 해보자.

08 당신의 느낌이 옳다

지금, 세상의 변화는 그 누구도 막을 수 없다. 마치 진자의 추가 올라 갔다가 다시 돌아오는 것처럼. 지혜로운 사람들은 지금까지 자신이 옳다고 생각했던 것들을 의심하기 시작했다. 상식적으로, 맹목적으로 믿어왔던 지식. 그런 믿음들이 더 이상 맞지 않는 것은 아닐까?

예를 들어보자. 과거에 많은 회사들은 유행처럼 상품 제조공장을 동남아시아의 국가들로 옮겼다. 인건비와 생산원가를 줄여 한푼이라 도 더 이윤을 남기겠다는 경영논리에 따른 조치였다. 지나간 시대에 는 이러한 기업활동이 효율적이고 상식적인 경영으로 통했다. 하지만 소비자들의 생각은 변했다. 현명한 사람들은 자신이 입고, 먹고, 쓰는 것들이 어떤 생산과정을 거쳤는지를 따지기 시작했다. 인건비가 싼 해외에서 대량으로 물건들을 만들어 파는 행위. 당신은 여전히 이 방 식이 효율적이라고 생각하는가? 지금껏 당연시되었던 이 방식이 "누 군가에게 무리함을 강요하는 죄악은 아닐까?" 이런 질문을 하는 사람들이 급속하게 늘고 있다.

고단함을 참아가며 일해야 한다는 개념에 대해서도 반기를 드는 사람들이 늘고 있다. "그건 옳지 않아. 즐겁게 일하고 싶어."라고 생각하는 사람이 점점 많아지는 추세다.

매출 목표를 굳이 설정하지 않더라도 고객과 즐기는 것으로, 혹은 고객을 위해 즐겁게 일하는 것으로 실적이 좋아질 수 있다. 그렇게 일하는 회사들이 이미 많이 생겨났다.

이렇듯 기존의 상식과 가치관에 의문을 제기하는 사람들은 앞으로도 점점 늘어날 것이다.

느낌을 믿고, 굳건하게 나아갈 것

여기서 중요한 점이 있다. '무엇을 축으로 살아갈 것인가?' 삶의 기준점을 잊지 않는 일.

어떻게 해야 좋을지 몰라 공부모임이나 세미나에 참가했다가 더욱 심각한 혼란에 빠지는 사람도 많다. 나의 이야기를 들으면서 '공사구분을 하지 말자, 24시간 즐겁게 일하자, 더 행복하고 재밌게 일하기 위해 공부하자.'라며 다짐을 했는데, 다음날 또 다른 모임에 참가해 '워라벨(워크 & 라이브 밸런스)이 중요하다, 온 오프를 구분하자.'라는 이야기에 고개를 끄덕이며 공감하는 식이다. 이렇게 완전히 다른 이야기를 기준점을 갖추지 못한 채 듣다 보면 허둥대는 건 당연하다. 실제로 나는 그런 사람들을 많이 만난다. 안타까운 일이다. 스스로 마음의 심지가 단단하지 않기 때문에 그런 일이 일어난다.

심지를 잘 꽂으면 맷돌은 잘 돌아간다. 그러니 무엇보다 각자 마음의 필터를 잘 가동해 느끼고 행동해야 한다.

당신 마음에 느껴지는 것을 해나갈 것.

당신이 느낀 것을 믿고 행동하는 것이 중요하다.

총정리

- 시대 흐름보다 늦은 개혁은 의미가 없다

- 일탈은 혁신의 에너지다.

- 상식의 잣대를 버려라

- 역발상을 놀이처럼 즐기라!

- 당신의 느낌을 믿어라.

이 원고를 쓰고 있는 지금은 6월 6일. 한동안 비 내리는 계절이 계속
될 것이다. 얼마 전에 비 오는 날 입어도 좋은 재킷을 구입했다. 계절
이 변하는 것을 알기 때문에, 이에 대응해 준비한 것이다.

우리는 그렇게 살고 있다.

지금 세상은 격동하고 있다. 시간은 멈추지 않는다. 당신이 아무리
'옛날이 좋았는데'라고 생각해도, 그런 시대는 다시 돌아오지 않는다.
필름카메라나 깜찍한 디지털카메라가 많이 팔리던 시대는 이제 오지
않는다. 종이우편이나 전단지의 수요가 증가하는 일은 없을 것이다.

작년과 올해도 다르다. 똑같은 일은 다시 일어나지 않으며, 똑같은
환경은 다시 펼쳐지지 않는다. 비슷한 듯한 하루를 보냈다고 해도, 어
제와 오늘은 엄연히 다르다.

시대는 변한다. 언제까지나 같은 방법만 고수하면, 통용되지 않는

건 당연하다. 진화하지 않으면 도태한다. 그것이 자연의 섭리다.

어떻게 변화해야 할까? 무엇을 바꾸어가야 할까? 그것은 자기 자신이 느끼고 행동하는 방법 외에는 없다. 그것을 알아가기 위해 우리는 계속해서 공부하지 않으면 안 된다.

나에게 필요한 것은 무엇인가? 어떤 삶을 추구할 것이며, 그 삶을 위해 준비하고 연마할 것은 또 무엇인가? 배우려는 열정과 자세만 있다면, 세상 도처에서 배움을 얻을 수 있다. 배우다 보면, 시대의 변화가 더 분명하게 느껴진다. 조금 앞선 바람을 느끼는 마음으로, 시대 변화의 바람을 느끼는 것이 중요하다.

이 글을 읽어주신 모든 분에게 고마움을 전한다.

당신과 당신 곁의 소중한 사람들이 오늘도 내일도 행복하기를 기원하며,

후지무라 마사히로

옮긴이 윤선해

도쿄국제대학 국제관계학부를 졸업했으며, 동 대학원에서 국제경영학 석사 및 박사과정을 수료했다. 현재 ㈜ 후지로얄코리아 및 Y'RO COFFEE 대표로 재직중이다. 옮긴 책으로 《향의 과학》, 《커피 스터디》, 《커피집》, 《커피 과학》, 《커피 세계사》, 《카페를 100년 간 이어가기 위해》, 《커피 교과서》 등이 있다.

물건 말고 당신을 팔아라

첫판 1쇄 펴낸날 2020년 8월 20일
첫판 2쇄 펴낸날 2022년 8월 30일

지은이 | 후지무라 마사히로
옮긴이 | 윤선해
펴낸이 | 지평님
본문 조판 | 성인기획 (010)2569-9616
종이 공급 | 화인페이퍼 (02)338-2074
인쇄 | 중앙P&L (031)904-3600
제본 | 서정바인텍 (031)942-6006

펴낸곳 | 황소자리 출판사
출판등록 | 2003년 7월 4일 제2003-123호
주소 | 서울시 종로구 송월길 166, 경희궁자이 오피스텔 4425호
대표전화 | (02)720-7542 팩시밀리 | (02)723-5467
E-mail | candide1968@hanmail.net

ⓒ 황소자리, 2020

ISBN 979-11-85093-94-9 03320

* 잘못된 책은 구입처에서 바꾸어드립니다.